使える！
貞観政要

上司の能力を見抜き、
部下を本気にさせる法

江上 剛

ビジネス社

はじめに

『貞観政要』は唐の第2代皇帝である太宗《たいそう》（西暦598年から649年）が、臣下たちと帝王のあるべき姿を議論し、追求した書である。

太宗は「貞観の治」という天下泰平を実現した明君である。そのため『貞観政要』が日本に伝わると、帝王学の指南書として広く読まれることとなった。明治天皇や徳川家康も本書で帝王学を学んだという。

「帝王学の最高傑作――。『貞観政要』を一言で表せば、こうなるでしょう」と、中国哲学研究者湯浅邦弘氏が著書『ビギナーズ・クラシックス中国の古典　貞観政要』（角川ソフィア文庫）に書いているが、現在でも各界トップリーダーたちの必読書であると言えるだろう。

しかし私は、トップリーダーのためだけに『貞観政要』があるとは思えない。真に『貞観政要』を読み、学ぶべきは30歳代から50歳代の企業のミドルリーダーであると考える。

現在は、まさに「一寸先は闇」と言っても過言ではない時代である。ロシアによるウクライナ侵攻、米中対立、エネルギー不足、インフレ、米欧の銀行破綻、環境問題などなど。どれ一つとっても企業経営に大きく影響する事態であり、またそれらは複雑に絡《から》み合い、誰も明解な解答や方針を打ち出すことができないでいる。

そのような中にあってミドルリーダーは、トップリーダーを補佐しつつ、部下の力を結集して企業業績の向上を実現しなければならないという、最も困難な立場にいる存在である。

トップリーダーの期待に応えなければ出世はおぼつかない。一方で、若い部下とは仕事に対する価値観が異なり、まとめるにもひと苦労どころではない苦労の連続である。逃げ出したくもなるだろう。迷うこともあるだろう。愚痴をこぼしたくなることもあるだろう。

私も、同じような立場を経験したからミドルリーダーの苦労はわかっているつもりである。

ではどうやってこの難局を乗り切ればいいのだろうか。私は、古典に学べと言いたい。特に中国の古典である『論語』、『老子』、『荘子』、『孫子』などは参考になる。それらには先の見えない戦乱の世を生き抜いた知恵が詰まっているからだ。

中でも『貞観政要』は特別である。なぜなら太宗が悩みや失敗などを率直に、包み隠さず臣下に語り、謙虚な姿勢で彼らから学ぼうとしているからである。

太宗は、悩めるトップリーダーなのだ。

実は、本書を読んでいると、トップリーダーであるはずの太宗が上司と部下に挟まれ、眉間《みけん》の皺《しわ》を深く刻んでいるミドルリーダーそのものに見えて来るから不思議だ。その意味でも、ミドルリーダーこそが本書を読み、学ぶべきだと考える所以《ゆえん》である。

しかし、本書は多忙なミドルリーダーが読むには膨大すぎる。読書に割く時間を作るのは難しいだろう。

そこで私が代わりに読み、エッセンスだけを抽出することにした。

なぜエッセンスだけにしたかというと『貞観政要』のあまたの解説本は中国古代思想の専門家の手によるものが多い。そのため太宗と臣下の議論の全部を詳細に記載しているものばかりだ。これでは読むのに大変な努力を要する。忙しくて手が回らない。そこでミドルリーダーのために、私は、議論の中のほんの1行か2行を選んで抽出することにしたというわけである。

ただし抽出基準は、私の独断であるが、ミドルリーダーと同じような苦労をしてきた私の琴線《きんせん》に触れた章句を抽出したつもりである。そしてそれらの背景や太宗たちの想《おも》いを説明し、実際の生活や人生にどのように活《い》かしたらいいかを、可能な限り具体的に書くように努めた。

しかし、いかんせん私は、専門家ではない。従って解釈に間違いや強引さ、牽強付会《けんきょうふかい》があるかもしれない。その点は、なにとぞご容赦願いたい。

いずれにしてもミドルリーダーが直面している難局を乗り切る方法を知るには『貞観政要』が最適であるのは間違いない。悩みがたちどころに消えてなくなるということはないだろうが、少なくとも足元を照らす光になり、未来に向かって歩き出す力を得ることはできるだろう。

稚拙《ちせつ》な解説書ではあるが、私が書いた本書を読み、もっと深く『貞観政要』を知りたい、学びたいと思う契機にしていただけると幸甚である。

令和5年3月吉日

江上　剛

使える！『貞観政要』

目次

はじめに……3

第1章 上司を見抜く

第2章 上司に仕える

第3章 部下と共に仕事を動かす

第4章 部下の能力を高める

第5章 リーダーとしての心得

第6章 リーダーたる器量

第1章　上司を見抜く

上司のあるべき姿とは？
部下を育てる気持ちがあるか？

「君道《くんどう》第一」は、君主のあるべき姿を説いている。

「其《そ》の身を傷《やぶ》る者は、外物《がいぶつ》に在《あ》らず。皆、嗜欲《しよくよく》に由《よ》りて、以《もっ》てその禍《わざわい》を成す」

この言葉は、君主のあるべき姿、君主の行うべき道、すなわちリーダーとしての心構えを記述した「君道」の第一章にある。

太宗《たいそう》は、自分の兄である皇太子を倒し、若くして唐の皇帝になったのだが、彼は、短期間で滅んでしまった国である秦《しん》や隋《ずい》などを反面教師として君主のあるべき姿を追求した。

そのために太宗は自分を諫《いさ》めてくれる「諫議大夫《かんぎたいふ》」を傍《そば》に置き、彼らの意見を聞き入れ、それを政治に反映させた。『貞観政要』は、太宗と諫議大夫との議論の書である。その最初がトップの在り方であるのは、そのことが『貞観政要』が書かれた趣旨そのものだからなのである。

この言葉の意味は、自分の身を損なう要因というのは、外部から来るのではなく、皆、自分の欲望から起きるのだという意味だ。

成功者は、金に飽かせて、贅沢三昧。酒池肉林の世界に耽溺《たんでき》する。周りは誰も注意しない。むしろ成功者を囃《はや》し立て、おこぼれに与《あずか》ろうという者ばかりが集まる。

そして成功者が没落すると、それまで親しくしていた人々は離れていく。芥川龍之介の「杜子春」じゃないけれど、これが世の常、現実である。

「実るほど、頭《こうべ》を垂《た》れる稲穂かな」の句の通り、成功者になればなるほど謙虚な姿勢でいないといけないと、『貞観政要』は、まず最初に教訓を垂れているというわけだ。

これは当たり前すぎることで、今さら、こんなこと言うなよ、と思うだろうが、私は、成功者で謙虚な人は、不幸にもあまり多くを知らない。

先年、亡くなった京セラの創業者である稲盛和夫《いなもりかずお》さんは謙虚な方だった。稲盛さんは、いつも「人間として何が正しいか」と自らに問いかけ、謙虚さを失わなかった。

稲盛さんの大好物が、有楽町のガード下の吉野家の牛丼だったのは、有名な話だ。

私の好きなゴルフで言えば、このスポーツは自己責任で、自分でスコアを申告しなければならないのだが、企業のトップという社会的地位の高い人ほど、スコアをごまかす傾向にあるように思う。本当は、ダブルボギー（パー4のところを6でラウンドすること）なのにパーと言ってみたり、OBなのに、そうではないと言い張ったり。誰も注意しないから、いつの間《ま》にかごまかすのが平気になってしまうのだ。謙虚さを失ってしまったからだ。

こんなトップに率いられた会社は、『貞観政要』の通りだと、たちまちダメになると思うのだが、意外と業績が良かったりするものだから、世の中は摩訶《まか》不思議である。

さて、この言葉はトップリーダーだけではなく、中堅社員にふさわしい。

30代という若さでメガバンクの営業店課長に抜擢された渡辺さん（仮名）は、都内の有名私立高校から東京大学経済学部に進学した。自他ともに認める優秀な人材である。

渡辺さんは、課長になり、舞い上がったのか、4人いる部下がみんな馬鹿に見えて仕方がない。やることなすこと気に入らない。自分なら軽々とこなすことも、部下はミスばかり。必然的に、いらいらし、怒鳴《どな》ることも多くなった。

ある日のことだ。いつものように朝、自分の席に着いた。ところが部下は誰一人、来ない。始業時間になっても来ない。どうしたのかと焦った。支店長に呼ばれた。慌てて、支店長室に行くと、部下が支店長の前にいたのだ。

「お前たち、いったいどうしたんだ」

渡辺さんは部下に言った。

部下は、恨みがこもった目で渡辺さんを睨《にら》んだ。

「渡辺君、君は課長として失格だよ」彼らは君の下では働きたくないと訴えてきたのだ」

支店長が静かに言った。同時に、渡辺さんは、その場にへなへなと崩れ落ちた。

出世が早く、自分を優秀だと思った渡辺さんは、業績を上げ、さらに出世したいという自分の欲望のままに部下に対して、指導の名のもとに、実際はパワーハラスメントを行っていた。それに4人の部下たちが反旗を翻《ひるがえ》したというわけだ。

まさにこの言葉通り、禍《わざわい》は自分の内にあるのだ。**「外物《がいぶつ》に在らず」**である。

「草創《そうそう》と守文《しゅぶん》と孰《いず》れか難《かた》き、と」

この言葉は、『貞観政要』中で、最も有名なものの一つだ。

太宗が、側近の房玄齢《ぼうげんれい》と魏徴《ぎちょう》にこの質問をする。

房玄齢の方は、戦って相手を攻め滅ぼして国を作ったのだから「草創」の方が難しいと答える。

それに対して魏徴は、国を作った後、君主が驕《おご》り高ぶると民衆の心が離れ、国は衰退するから「守文（守成）」の方が難しいと答える。

二人の答えに対して、太宗はさすがに明君だなという回答をする。

「房玄齢とは、共に敵と戦って艱難辛苦《かんなんしんく》を味わった仲だ。そのため『草創』の方が困難と言ったのだ。しかし、今や天下は安定した。そこで魏徴の言う通り、身を慎しまないと国は衰退する。今は『守文（守成）』が難しい時だ」

二人をちゃんと立てるところは、明君の明君たる所以《ゆえん》だろう。

秦や隋のように短期間で滅びることなく、永く続く国にしたいと願っていた太宗が下した結論は、「守文（守成）」の方が難しい、ということだった。

豊臣氏を倒し、天下統一を果たした家康が、徳川家の永続を願って「守文（守成）」に重きを置く『貞観政要』を愛読したのは、よく理解できる。


しかし、「守文（守成）」が難しい、そしてそれを重視することは正しいだろうか。

日本経済を考えてみよう。戦後、多くの世界的企業が誕生した。創業者たちは、学歴よりも機械いじりなどが好きな異能の人たちだった。それらの企業が安定期に入ると、優秀な大学を卒業した企業官僚たちが企業をコントロールするようになる。

たいていの企業は、企業官僚たちが支配するようになると、活力を失う。百年先の未来より、目先の利益を追求するようになる。彼らが株や不動産などで、利益を上げようとしたためバブル経済になり、完膚《かんぷ》無きまでの経済破綻を招いてしまった。

バブル経済のピークである1989年における世界の時価総額50社のうち40社ほどは日本企業だ。それが2022年にはトヨタ1社しか残っていない。多くは、アメリカ企業だ。それも若い企業ばかりだ。

バブル経済が崩壊して、30年余り。アメリカと違い日本には、戦後のように新しい、世界的企業が生まれていないのだ。

アメリカとの違いは何か？　それは「創業力」の差である。今流に言えば、「イノベーション力」の差である。失敗を恐れず、冒険する意欲の差である。

日本経済は、ゼロ金利政策を長年継続しても、結局、低迷が続いている。それは「創業」が起きないからだ。金利をゼロにしても、新しく起業しようという意欲がなければ、経済は活性化しない。

私は、現代こそ「創業」の時代にするべきだと考える。

そのためにはどうすればいいのだろうか。

それは中堅社員が、好きなことをするのが一番だ。若い社員を巻き込んで大暴れするのだ。それしか会社を活性化する方法はない。

彼らは今まで会社の価値観を順守して、やりたいこともやらずに働いてきたに違いない。「守文（守成）」一辺倒だった。その結果、ぶつぶつと不満を抱えながら40代、50代になっている。

若い頃、新事業や新製品を上司に提案し、「儲からないから」「今、投資できる余力がない」などと言われ、拒否され続けてきたのだ。その結果、会社の業績は低迷し、給料も下がってしまった。これが現実だ。

もうこんな「守文（守成）」一辺倒はやめにしよう。今こそ、やりたいこと、やり残したことを自分の力で実現に向けて動き出そうではないか。会社の中でやってもいい。飛び出して独立してもいい。創業者たちは、好きなことを好きなようにやったから成功したのだ。守るより、攻めたのだ。

「創業」は難い。出来上がったものを「守文（守成）」ばかりしていると現状維持という衰退しかない。「創業」には失敗がつきものだ。しかし、今、やらねば、いつやる？　じっと「守文（守成）」している間に、日本は三流国家に堕《だ》してしまうだろう。

「始《はじめ》を善《よ》くする者は寔《まこと》に繁《しげ》く、能《よ》く終《おわり》を克《よ》くする者は蓋《けだ》し寡《すくな》し」

これは、「初め有らざるなし克く終わり有る鮮《すくな》し」（詩経）という言葉で、広く知られているのではないだろうか。

諫議大夫の魏徴が、太宗に理想的な君主とは、かくあるべきと上奏する。

なぜ隋《ずい》の煬帝《ようだい》は滅びたのか、などの事例を引き、魏徴は、君主は誰でも、いったん、天下を取ってしまうと、最初は民衆のことを考えているのだが、そのうち、傲慢になってしまい、民衆を虐待するから滅びてしまうのだ、と言う。

『貞観政要』は、一貫して君主が、天下統一の最初の思いを忘れず、傲慢になることを諫めている書物である。

民衆を水、国や君主を船に喩《たと》えて「船を載せるのも船を転覆させるのも水である」とも言う。

すなわち民衆（水）の支持を失えば、国も君主（船）も転覆してしまうと言うのだ。なかなか良い喩《たと》えだ。現在でも通じるではないか。政権が、不祥事などを起こし、支持を失うと倒れる例は枚挙にいとまがない。

永続的な政権を願うなら、一番、恐れるべきは民衆なのである。

政権を担うほどの大事ではなくても、私たちも最後までやり通すことができないで、途中であきらめてしまうことが多い。勉強でも仕事でも、始める時は、「よし！　やるぞ！」と決心するのだが、すぐに壁にぶち当たると、挫折してしまう。

この言葉通り**「能《よ》く終《おわり》を克《よ》くする者は蓋《けだ》し寡《すくな》し」**なのである。

住宅販売会社の営業担当の課長を命じられた須藤さん（仮名）は、張り切っていた。初めての課長なのだから、張り切るのは当然だ。

先輩からは、「部下を大事にするんだよ」と忠告を受けていた。須藤さんの、あまりの張り切りぶりに、先輩は心配したのかもしれない。

たいてい、最初に飛ばしすぎると息切れしてしまうからである。

「皆さん、一緒に頑張りましょう。営業成績でトップを目指しましょう」

須藤さんは、5人の部下に向かって明るく言った。

部下たちも、いい課長が来てくれたと喜んでいた。

最初は……。

しかし、須藤さんの課は、思ったように成績が上がらない。

須藤さんは、焦った。彼は、営業担当者として、これまで抜群の実績を上げてきたからだ。それがどうして5人の部下を使った場合、思うように成績が伸びないのか。

自分の指導が悪いのか、いったいどうしたら部下の成績が上がるのか。須藤さんは、悩んだ。

部下と一緒に客を訪問したり、部下を飲みに誘い、励ましたり。それでも成績が上がらない。

「お前ら、何やっているんだ！　やる気あんのか！」

ついに須藤さんは、キレた。営業店内で、5人の部下に向かって、罵詈雑言《ばりぞうごん》を浴びせてしまったのだ。

こういう経験をした人は多いだろう。営業担当者の頃は、抜群の実績を上げながら、課として部下を率いて、実績を上げようとすると空回りしてしまう。

自分に出来て、なぜ部下は出来ないのか。いらいらは募り、ついつい部下に当たってしまう。

最初は、部下を大事にするのだが、そのうち、この部下が自分の足を引っ張っていると思うようになる。

私は、銀行の人事部の経験があるが、「部下を替えてくれ」と言って来る支店長の、どれだけ多かったことか。そのつど、「部下を活《い》かすのも仕事です」と答えていたが、支店長の気持ちがわからないでもなかった。

この言葉は、「初心忘れず」の言葉のようにリーダーは、いつまでも謙虚でなくてはならないと言っているのだが、その謙虚とは部下に対する姿勢であると思う。部下に対して謙虚さを失えば、リーダーとして失格である。そのことを教えているのだ。

須藤さんは、課長になった際、部下を愛そうと思ったはずである。部下は、よく出来る者、出来ない者、おとなしい者、文句の多い者など、多様である。彼らを愛し続けてこそ、本物の課長になるのである。

私の経験から言うと、「忍耐」が必要であり、そして部下に対して「小さな成功体験」の積み重ねを経験させることである。

具体的に話そう。

まず、仕事が遅い部下であっても、その仕事を手伝ってはならない。少しくらいのアドバイスをしてもいいが、いらいらして「俺がやる！」と取り上げてはならない。「忍耐」し、彼がいちおうの仕事を完成するまで待つことが大事だ。そして、それなりに完成したら「よく頑張った」と激励してやることだ。

もう一つは、一緒に客を訪問し、取引を成約させ、「君が頑張ったお陰だな」とさりげなく褒《ほ》めてやることだ。

部下を愛するということは、こうした「小さな成功体験」の積み重ねを繰り返し、部下に自信を持たせることである。

最初から大きな目標を与えて、部下を叱咤するのは、絶対にやめた方がいい。それは大きな成果を上げることが、自分の出世のためであると部下に勘違いさせるだけだからだ。

「小さな成功体験」の積み重ねを繰り返しているうちに、部下は仕事の面白さを理解し、自分で成果を上げるようになってくる。

「始《はじめ》を善《よ》くする者は寔《まこと》に繁《しげ》く」

この言葉は、トップが傲慢にならないように諌めているばかりではない。部下を愛し続けられるかをも、問いかけている。

部下を、愛し、本気で育てようという気持ちの「初心」を忘れなければ良い上司になれるだろう。

いい人材かどうかは、こうして見抜く。

「規諫太子《きかんたいし》第十二」とは、各種の規定を述べて皇帝に諫言することだ。ここでは太宗の長男で皇太子となったが、廃されてしまった李承乾《りしょうけん》への諫言が主である。李承乾はかなり評判が悪かったようだ。さてどんな諫言を受けたのだろうか。

「若《も》し其《そ》れ聴受《ちょうじゅ》に惑《まど》ひ、人を知るに暗《くら》ければ、則《すなわ》ち有道《うどう》の者は咸《ことごと》く屈《くっ》し、無用《むよう》の者は畢《ことごと》く伸び」

李承乾は皇太子だが遊び惚《ほう》けていた。そこで側近の補佐役から、長文の諫言の上奏を受けた。

「人の興廃は回る轆轤《ろくろ》のようなもので、人の吉凶は糾《あざな》える縄のようなものである」とし、過去の明君の息子にもダメな者はいるし、国が永く続いたのは、後継者に人を得たからであるなど、前例を山ほど引用した諫言を受けたのである。

その中でこの言葉がある。

側近は、「正しい意見を聞き入れず、人を見抜く力がなかったならば、道義ある者は敗れ去り、無用の者がのさばり出す」から正しい人材を採用しなければならないと言う。

結局、李承乾は、謀反に連座して皇太子の座を失ってしまう。自業自得と言うべきか、『貞観政要』の作者によほど嫌われていたのか、あるいは政治的意図があるのか、ずいぶん悪者になっている。

しかし、考えてみれば人を見抜き、いい人を採用するのは本当に難しい。

私は、銀行の人事部にいて人を評価する立場にいた。人事面接の数分で、その人の能力や適性などを見抜かねばならない。

今、考えても難しい役割だった。私の印象一つで、その人の人生が変わってしまうかもしれないからだ。

私は、面談の技術、公平性を保つため、自分の精神をコントロールするテクニックを養う目的で自費で、専門学校に通い、学んだことがあった。

私が心がけたのは面談相手が、銀行の業務に対していかに真摯《しんし》に取り組んでいるかを見抜くことだった。

調子よく自己アピールする人もいれば、下手な人もいる。支店長に評価されている人もいれば、そうでない人もいる。

できるだけ先入観なしに、面談相手が、銀行の仕事に役立つのかだけを考えた。

遊び惚けている李承乾に、いい人材を見つけなければなりませんよ、と諫言してみても、彼にとっていい人材とは、遊び仲間かもしれない。そんな人間ばかり周りに集めたら、たちまち国は傾くだろう。

一瞬の出会いで、経営を託する人を見つけたのは、スーパーマーケット・ライフの創業者、故清水信次《しみずのぶつぐ》さんだ。

清水さんから伺った話だが、現社長の岩崎高治《いわさきたかはる》さんとの出会いが素晴らしい。

清水さんは、代表権を持ってはいたが、経営を社長の弟さんにまかせていた。

ある日、パーティで取引のある大手銀行の役員から「あの50億円はちょっと待ってくれませんか」と言われたのだ。

寝耳に水の話だった。

「いったいそれは何の話ですか」

清水さんは聞いた。

「お聞きになっていませんか。株の投資資金ですよ」

役員は答えた。

清水さんは、驚き、役員に「その話を確認するから」と言い、弟さんに急いで会った。すると、弟さんは清水さんの知らないところで何十億円も株に投資したり、海外に不動産投資をしたりしていたのだ。

「何をしているんだ。すぐに止めろ」

清水さんは怒った。

ところが弟さんは悪びれず、「今は、お兄ちゃんの時代と違うんだ。お兄ちゃんの時代は、こんにゃく一枚、豆腐一丁売って儲ける時代だったけど、今は頭で儲ける時代なんだ」と答えた。

清水さんは、ひっくり返るほど驚いた。清水さんが苦労して稼いだ金で弟さんを大学まで行かせたのに、まったく経営がわかっていないと思ったのだ。

社長が投資に明け暮れているため、従業員にも緊張感がなくなり、店舗も荒れていたと言う。

清水さんは、小売業は、投資で儲ける商売ではないときつく叱り、弟さんを社長の座から下ろし、自分が社長に復帰し、経営の陣頭指揮を執《と》った。その結果、ようやく経営は正常化した。

清水さんは、慰労を兼ねて奥様と二人でイギリスのロンドンに行った。その時、アテンドしてくれたのが三菱商事に勤務していた岩崎さんだった。

「20分で、彼を後継者にすると決めたんだ」

清水さんは言った。

すぐに三菱商事の社長に、岩崎さんを欲しいと願い出るが、三菱商事の方ではロンドンの若手社員の情報を正確に把握していなかったため、突然の申し出にびっくりしたことだろう。

３年間の猶予期間を経て、岩崎さんは、ライフに転じた。

「人を見抜くのに時間はいらないんだ」

清水さんは言った。

いったいどういう基準で、岩崎さんを後継者にしたいと思ったのかはわからない。しかし百戦錬磨の清水さんの心に岩崎さんが鋭く感応するところがあったのだろう。

会社には、自薦、他薦の人材が数多く押し寄せる。トップになれば、いい人材がいると聞けば、どんなところへも出かけて行って三顧の礼を以て迎える努力をしなくてはならない。

いい人材かどうかは、採用してみないとわからない。しかし、清水さんのように、鋭く感応する人に出会えれば、その人材に賭けてみるのがいいのだろう。

陰口や告げ口は組織を乱すだけ。

「杜讒邪《とざんじゃ》第二十三」では、ありもしない人の悪口を言うことや、そういう悪い行いについて語っている。よほど注意しなければ、足下《あしもと》をすくわれるのだ。

「無識《むしき》の人は、務《つと》めて讒毀《ざんき》を行ひ、交々《こもごも》君臣を乱る。殊《こと》に国に益あるに非ず」

この言葉は、「せっかく諫言するような仕組みを作ったのに、浅はかな者が多くて同僚の悪口ばかり言う、こんな連中は、国の益にならない、今後は、人の小さなミスを暴く者は罪に処する」との、太宗の怒りである。

太宗は、政治の安定のために、自分に諫言してくれるシステムを作った。それなのに書面で、投書してくる内容を見ると、臣下の悪口、小さなミスばかり書いてくる。それを信じて臣下を疑えば、国は乱れてしまうだろう。こんな奴は許せないというのである。

親の心、子知らずとはこのことを言うのだろう。せっかくいい制度を作っても、機能しないのだ。

太宗の怒りはわからないでもないが、この判断はどうだろうか？　目安箱を設置して、どんなことでも投書しなさいと言っておきながら満足すべき内容が来ないと言ったり、くだらないことを書いて来るなと言ったら、途端に誰もが委縮するのではないだろうか。

治世が長くなるにつれて、誰も諫言してくれなくなったと太宗が嘆く場面が『貞観政要』にはあるが、それはこんなところに原因があるのかもしれない。

確かに同僚や上司の些細なミスなどをことさらに採り上げ、讒言《ざんげん》するのはけっして良いことではない。

それによってトップが部下を疑いの目で見るようになっては、組織は上手く機能しない。

だからといってせっかく作った目安箱（会社の仕組みではコンプライアンス窓口）に、くだらないこと、些細なミスを告げ口するなと社内通知した瞬間に、誰も何も言わなくなるだろう。ましてやそんなことをした者を処分すると言ったら、絶対に、誰もが口を閉ざすに違いない。

些細なミスが些細かどうかは、本当のところはわからない。

些細なミスを咎《とが》めなかった結果、大きな不正に発展した例は多い。

銀行勤務時代のことであるが、ある支店で、支店長が営業担当者の運転する車に乗った。その車は普段、営業担当の彼が使っている車だった。

支店長は、車の中に一円玉が落ちているのを見つけ「おい、奇麗に掃除しておけよ」と注意した。たかが一円である。些細な金額であると、軽く注意しただけで済ませてしまった。

後日、彼が数千万円も横領していることが発覚した。もしも、ではあるが、あの一円玉を厳しく叱責していれば、巨額横領は防げたかもしれなかったとは、支店長の後悔の弁である。

他人の悪口を言って、自分を引き上げようとする行為が上手くいったという例は知らない。

逆に「あいつは他人の悪口ばかり言っている」という悪い噂が立つのではないだろうか。

誰が聞いているかわからない。「壁に耳あり、障子に目あり」である。


私は、第一勧業銀行という合併銀行で働いていた。そこでは長く第一銀行出身者と勧業銀行出身者は交流せず、反目しあっていた。

ある時、勧業銀行出身者ばかりの集まりに呼ばれた。そこで第一銀行出身者のAさんの悪口が話されていた。私はAさんと一緒に働いたことがあるが、優秀で人柄も抜群に良かった。聞いていると、彼らは、まったくAさんを知らないで、悪口を言っているのだ。それで私は「Aさんはそんな人じゃありませんよ。素晴らしい人です。皆さんはお会いになったこともないようですが、親しくなられれば良い人だとわかります」と言った。

彼らは、驚き、目を白黒させ、何を言っているんだという顔をした。その場は一気に白けてしまったのだが、後日、Aさんから「私のこと、弁護してくれたんだって。ありがとう」と言われたのには驚いてしまった。ちゃんとあの場の出来事が、Aさんの耳に入っていたのだ。

他人の蔭口を言ったり、告げ口をしたりするのは、太宗の言う通り、組織を乱す原因になるだろう。

しかし上司の些細なミスは見逃してはならない。それはけっして些細なことではないからだ。

セクハラ、パワハラ、アカハラ、モラハラ、あるいは業者との癒着など、上司の問題や態度は、たとえ目に余ったとしても些細であると勝手に自分を納得させてしまいがちになる。それが忖度であるが、一方でこんなことをコンプライアンス窓口に投書したことが発覚したら、とばっちりを受けてしまうという恐怖心が働くからである。その結果、上司の不品行をついつい見逃してしまう。

それが会社の基盤を揺るがす大きな事件になることもあるのだ。

また自分が上司になった時は、いつでも部下の指摘に謙虚に耳を傾けるようにしよう。

自分には悪意がなくても、相手はそうとは感じていないことが多いからだ。

トップのみならず、部下の貪欲さにも要注意。

「貪鄙《たんぴ》第二十六」の貪鄙とは、欲深く卑しいこと。貪欲の戒めの章である。権力を持ち、すべてが自由になれば、貪欲になるのも仕方がないと思うのだが……。

「主と為《な》りて貪《たん》なれば、必ず其《そ》の国を滅ぼし、臣と為りて貪なれば、必ずその身を亡ぼす」

太宗は側近に言った。欲深い人間は、財産の愛し方を知らないのではないか、と。というのは、高額の収入がありながら、賄賂を受け取り、すべてを失う者がいるからだ。わずかな利益に目がくらんで大きな財産を失うなど、財産の愛し方を知らないと言うべきだ、ということだ。

太宗は、秦《しん》が蜀《しょく》を攻めるのに道が分からなくなり、五体の石の牛を作った話をしている。その尾の下に黄金を置いた。すると黄金のフンをすると思った欲深い蜀の王は、五人の力士に石の牛を蜀に運ばせたのである。蜀への道が分かった秦は、たちまち進軍し、蜀を亡ぼした。

王が欲深いと国が亡びるのだ。また前漢の財務長官は、多額の賄賂を受け取り自殺に追い込まれた。臣が欲深いと、自分の身を亡ぼすのである。

「賢者は歴史に学ぶ」と、かのビスマルクは言ったが、太宗は、本当に歴史的事実をよく知っている。それらを参考にして、自戒しつつ政治を行っていたのだろう。

この言葉は、今も事実である。国でも会社でも、トップが欲深ければ潰してしまう。

ビスマルクが宰相としてコントロールしていた間のドイツは自分の力をわかっていた。そこで対立するフランスを抑えるために外交に力を注いだ。

ところがヴィルヘルム２世の時代になると、反《そ》りの合わないビスマルクを辞任に追い込み、第一次世界大戦へと突き進み、ドイツを破滅に追い込んでしまった。

トップが実力を過信し、貪欲になれば国を亡ぼしてしまうとは、このことだ。

会社も同じだ。バブル時代は不動産価格が暴騰した。それを担保にすれば銀行はいくらでも融資をしてくれた。

そのため事業の拡大を急いだダイエーやそごうなどは、不動産を担保に資金を調達した。

その結果、バブルが崩壊すると、経営悪化に追い込まれてしまった。

これはキッコーマンの関係者から聞いたことだが、バブル時代に財務責任者が、社長に「銀行から資金を調達して、それを運用して収益を得ましょう」と提案した。

その当時は、「財務の時代」と言われ、銀行から低金利で調達し、それを銀行などに運用してもらうと簡単に利益が上がるザイテクが大流行していた。

財務責任者は、多くの会社が運用で儲けているのを見て、自分もやりたいと思ったのだ。

ところが社長は、「わが社は、どうしても設備が必要となった時は、銀行に頭を下げてでも借りるが、運用などという不要不急の金は借りない。考え違いするな」と彼を厳しく叱った。

その後、バブルが崩壊し、運用で稼いでいた多くの会社が、不良債権で苦しむのを見て、「さすがだなぁ。360年以上も続く会社は違う」と感心したという。トップが貪欲でなければ会社は大丈夫。では部下が貪欲だったら、その身を滅ぼすだけなのか。

旧大和銀行や住友商事で、有能な投資担当者が巨額の投資損失を隠蔽《いんぺい》し、会社に損失を与えたことがあった。会社は破綻こそ免れたが、その損失を回復するのに大変な苦労をしたのだった。

けっして部下がその身を滅ぼすだけでは済まないのだ。部下の貪欲さにも警戒しなくてはならない。

そのためには部下のポストを定期的に交替させ、同じポストに長く置かないこと、優秀な部下であっても評価しすぎない、過大な信頼を置かないことが必要だ。彼がいなくては自分の課、部は維持できないなどと言うべきではない。

「戦わずして勝つ」に勝《まさ》るものはない。

「征伐《せいばつ》第三十五」には軍事関係の議論が集められている。

「所謂《いわゆる》、戈《か》を止《とど》むるを武《ぶ》と為《な》す者なり」

太宗も治世が長くなると、側近の言うことを聞かなくなった。宮殿を造営したり、他国を攻撃したりすることが多くなった。

一番、攻め落としたいのは高句麗《こうくり》だったが、なかなか手ごわい。それで契丹《きったん》などに高句麗を攻撃させて、攪乱《かくらん》させてはどうだろうか言った。

それに対して側近は、「戈《か》を止める」のが「武」であると言い、高句麗を攻めれば、民衆が困窮しますから、よくお考えくださいと言った。

「戈を止むるを武」とは目から鱗《うろこ》が落ちる思いがした。

ロシアによるウクライナ侵攻以来、私たちの周りには「武」の言葉が溢れるようになってしまった。

第三次世界大戦の危機さえ、叫ばれるようになった。

中国は、台湾に武力侵攻するのではないかと真面目に議論されるようにもなった。

そのため日本もアメリカの要請を受けたのだろうが、軍事予算の増大を図ろうとしている。戦う相手は中国なのだろうか。

ところが敵国とみなされつつある中国では昔から「戈」（両刃の剣に長い柄をつけた大昔の武器）を「止むる」のを「武」と言っていたのだ。

要するに戦わないことが「武」なのである。「武力」とは戦わない力である。

『貞観政要』では、側近たちが他国への侵略をしないように太宗を諌める場面が頻繁に登場する。

戦争を始めると、困窮するのは民衆であり、彼らの心が皇帝から離れ、国は滅亡するというのが一貫した側近たちの主張である。

確かに戦争を始めて、勝った、勝ったと万歳し、繁栄した国はない。日本もしかり、ドイツのヒットラーしかり、である。アメリカだってベトナム戦争やアフガニスタンでは手痛い目に遭い、退却しているではないか。その結果は、アメリカ国内の混乱を引き起こしてしまった。

戦争を仕掛けて、上手く行くということはない。そんなことは歴史上自明のことなのにトップは戦争をやりたがる。だから太宗の側近たちは「戈」を止めることが本当の「武」と言ったのだ。

孫子も「百戦百勝は善の善なる者に非ざるなり。戦わずして人の兵を屈するは善の善なる者なり」（百たび戦闘して百たび勝利を得ると言うのは、最高にすぐれたものではない。戦闘しないで敵兵を屈服させるのは最高にすぐれたことである）（『新訂　孫子』金谷治訳注・岩波文庫）と言っているではないか。

「戦わずして勝つ」が最上であるから、最近の戦争は、見えない戦争と言われ、フェイクニュースなど情報を多用して、敵国内を混乱させ、恐怖に陥れるなどして、戦争やミサイル等の武器を使わず屈服させることに力を注ぐようになっている。

現在の「戈」は核兵器などの武力ではなく「ＳＮＳ」などを使ったフェイク情報なので

ある。

情報によると中国は台湾をフェイク情報で混乱に陥れ、武力を使わずに屈服させようとしているらしい。

日本への中国のフェイク情報攻撃も年々激しくなっていると聞いている。脅したり、すかしたり。日本なんて「戦わずして勝てる」国だと見くびっているのかもしれない。フェイク情報という「戈」もやめてもらいたいものだ。

日本が、経済面などにおいてあまりにも過度に中国依存をすることが、経済安全保障上のリスクになっていることは多くの人が認めるところである。「戦わずして勝つ」中国の戦略にひっかからないようにしなければならない。

太宗の側近たちの非戦の発想の原点には、自国民の困窮ということがある。

戦争して他国民を困窮させることではない。最も困窮するのは自国民であるという点が重要である。

戦争とは、自国民を困窮させることなのだ。日本やドイツ・ヒットラーは戦争によって自国民を困窮から救い出すと言ったのだが、それは真逆なのである。

戦争で最も被害を受け、困窮するのは自国民であること、このことを政治家は自覚しなければならない。

平和であるからこそ経済も文化も発展し、何より人々は未来を見つめることができるのだ。

少しこじつけだが、グループリーダーとなり部下を持った際も「戦わずして勝つ」ことでマネージメントする方がいい。

部下を恐怖で治めたり、威圧し発言を封じたりしたら、成績は上がらない。

トップからは、短期での業績アップを求められると、ついつい部下を叱咤してしまう。「頑張れ！」「もっとやれるぞ」「もう少しで目標達成だ」などとやたらと檄《げき》を飛ばすリーダーがいる。これは失格である。部下は疲弊し、短期的には業績がアップするかもしれないが、長続きしない。最悪は、部下が不正を働いてまで業績を上げようとするかもしれない。「戦わずして勝つ」方法とは、部下に作戦を考えさせ、自ら仕事を楽しむ環境を整えてやることだ。やらされ仕事より自ら進んでやる仕事に変えることだ。

そんな時間のかかることはできないと言う人がいるだろうが、孫子は「迂直《うちょく》の計」と言っている。急がば回れ。回り道こそが、勝利への最も近道なのだ。

第2章 上司に仕える

悪事や不正は命懸けで食い止める。

「納諫《のうかん》第五」には、太宗が間違いを犯そうとした際、厳しく諫《いさ》められ、納得してやめたことの事例が集められている。

上司を諫めて、上司の行動が改まるのか、やってみるにはリスクが高すぎるかもしれない。

「所謂《いわゆる》同じく乱に帰するなり」

太宗が洛陽の宮殿を改築しようとした。

太宗も最初は宮殿を造る贅沢は控えていたのだが、治世が4年にも及ぶと、徐々にわがままが出てきたのだ。

すると、臣下の張玄素《ちょうげんそ》がそれに反対して上奏をした。

一、民衆が疲弊する

二、贅沢を復活しようとしている

三、民衆の怨嗟《えんさ》の声が起きる

四、民衆の復活力を奪う

五、洛陽に行幸する必要はない

という内容だ。

これに加えて「阿房宮《あぼうきゅう》が出来て秦の人は離散し、章華台《しょうかだい》が出来て楚《そ》の民衆は離散した」と過去の王朝が贅沢な宮殿を造って国を滅ぼすことになった事例を挙げ、あろうことか太宗が反面教師にしている隋の煬帝以上の悪いことだ言ってのけたのだ。

五つとも諫言、すなわち文句を言われ、その上、過去の悪い皇帝以上に悪いと言われて太宗もたいそう（ダジャレ）不機嫌になったことだろう。

そこで太宗は、張に「お前は、私が煬帝以下だと言うが、夏の桀王《けつおう》や殷《いん》の紂王《ちゅうおう》と比べたらどうだろうか」と問うた。

二人とも暴君で有名な人物だ。

すると張は贅沢な宮殿の造営などすれば「所謂同じく乱に帰するなり」と、悪事は異なっても結果は乱になるから同じことだと突っぱねたのである。すごいことを言う臣下だが、太宗はもっと偉い。大いに反省し、よく諫言してくれたと張を褒め、造営を断念したからだ。

太宗は諫言《かんげん》で悪事を改めたが、自分の悪事を棚に上げ、「私も悪いけど、あいつよりましじゃないか?」と正当化する人がいるのは事実だ。

私の経験で申し訳ないが、かつて勤務していた銀行で不正融資の事実を大蔵省検査（現在なら金融庁検査）から隠蔽《いんぺい》したことがあった。

そのことを議論する会議が行われ、頭取以下役員たちが集まっていた。私もその場に同席していた。

「不正融資を大蔵省検査で隠蔽しました。申し訳ございません」

審査部長が、大蔵省の検査官の目をごまかしたと告白した。

すると、頭取が興奮した尖った声で「こんな程度のごまかしは三菱も住友もやっている。たいしたことはない」と言ったのだ。

頭取の発言だけに、審査部長はもとより、その場にいた役員たちは全員、大きく頷《うなず》き、「そうですね」と言い、笑みさえ洩らしたのである。

私は、情けなくて、泣きそうになった。大蔵省検査のごまかしは、他の銀行もやっているから、自分の銀行がやっても悪くないとは！　なんという言い草だ。

第一銀行の創設者である渋沢栄一は、大蔵省の検査が来たことを喜び、大いに問題点を指摘してほしい、経営改善に役立つと言った。

戦前の三井銀行頭取（当時は常務）池田成彬《いけだしげあき》は、部下が、役人に煙草《たばこ》を贈って、仕事上の便宜を図ってもらおうとしたら、「やめなさい。たとえ煙草一つのような小さな不正であっても、それが大きな不正を引きおこす原因になるのだ」と注意した。

このように銀行の大先輩たちは、正直こそ経営の根幹であると考えていた。

大蔵省検査のごまかしはたいしたことではない。どこでもやっている。これこそ太宗が張玄素に言ったように、かつての暴君たちと比べて、たいしたことではないではないかと言ったのと同じである。

悪事は悪事なのである。

私は立ち上がって頭取に「三菱や住友に、大蔵省検査をごまかしているかと問い質《ただ》しましたか？　他行がやっているから自分たちがごまかしていいなどということはありません」と発言した。情けなくて涙が溢れてしまった。

私の、涙の抗議に、頭取以下、役員たちは、さすがに恥じ入ったのか、黙り込んだのだが……。

日本企業で、不祥事が多発している。メーカーのデーター改ざんなどが本当に多い。私の推測にすぎないが、これらも「他社も似たようなものだ」と勝手に思い込んで不正を行っているのではないだろうか。

「所謂同じく乱に帰するなり」

なのである。発覚すれば、悪事は悪事として裁かれ、「乱」になるのだ。

たとえトップであっても、安易な姿勢で不正（悪事）を容認しそうになったら、命懸けで食い止めねばならない。結局、会社の土台を腐らすことになるのだから。

後継者の問題は難しい。

「君臣鑒戒第六《くんしんかんかい》」とは、悪い手本を示し、皇帝を諫めることである。鑒《かん》は鑑《かんが》みると同じであり、鏡、手本のこと。

世の中には、悪い手本、失敗した経営者など多くいるが、それでも同じ失敗を繰り返すのが、人間である。はたして太宗は？

「夫《そ》れ功臣の子弟は、多く才行無く、祖父の資蔭《しいん》に籍《か》りて、遂に大官に處《お》り、徳《とく》義《ぎ》、修《おさ》まらず、奢縦《しゃしょう》を是《こ》れ好む」

太宗が、部下に「国は、子孫の代になると乱れてしまうのはどうしてだろうか」と尋ねた。

きっと太宗も治世が永くなって子どもに譲らねばならないのに、あまり出来がよくないので心配になったのだろう。

部下が、皇帝の子孫は大事に育てられて世間を知らないからですと答える。

すると太宗は、ちょっと怒って「その答えはないぞ。国が乱れる責任を君主に押し付けるな。子孫の代に国が乱れるのは臣下が悪いからだ。だいたい功績のあった臣下の子孫はなんの才能も成果もないのに祖先の功績で高い地位を与えられ、贅沢な暮らしをしているではないか。お前たちが子弟を諫めて、ちゃんと皇帝を守って国を治めるようにしてくれないと困るんだ」と言う。

私から見ればどっちもどっちだと思う。

「売り家と唐様《からよう》で書く三代目」という諺《ことわざ》通り、初代が苦労して財産を築いても、三代くらいで蕩尽《とうじん》してしまうと、世の中の相場は決まっている。

太宗はそれが心配で、部下に向かって、「お前たちの子どもをしっかりと教育して、俺の子どもを守るようにしてくれ」と言ったのだ。親として切実な気持ちだったのだろう。

というのも隋の煬帝は、高位高官に取り立てた臣下の子孫に殺されたからだ。自分の子どもが、同じ目に遭うことは避けねばならない。

天下人、豊臣秀吉は、家康たち五大老を臨終の枕元に呼び、「秀頼のこと、くれぐれも頼み参らせ候《そうろう》」と懇請したが、家康に滅ぼされてしまった。

私がどっちもどっちというのは親の成功に頼って、創業者の子孫も、功績のあった部下たちの子孫も贅沢にふけっていたら、国も会社も乱れてしまうのは当たり前だからだ。

江戸時代、近江《おうみ》商人の家では、主人が贅沢三昧にふけり、経営をおろそかにしたら、押《おし》込蟄居《こみちっきょ》といって番頭たちが主人から経営権を取り上げてもかまわないという家訓を作っている。商家の存続を一番に考えていたからだ。

太宗も、自分の子どもの出来が悪かったら、厳しく叱ってくれ、もしどうしようもなければ、交代させてもよいと言うくらいであれば、よかったかもしれない。

太宗自身は、英国王室のヘンリー王子的に言えばスペアだった。それに不満だったのか、兄である皇太子を亡ぼして天下人になったために、自分の子どもが順調に相続できるかが不安だったのかもしれない。

ところで現代は、格差の時代と言われている。

トマ・ピケティというフランスの経済学者が『21世紀の資本』という本を書き、ベストセラーになった。そこには格差を生み出す公式が書かれている。

「r＞g」

rは資本収益率。gは経済成長率。すなわち蓄積した資本の方が経済成長率を上回るという不等式である。

これがどういう意味を持っているかというと、資本を運用して得られる富の方が、働きによって得られる富より成長が早いということ。すなわち資本を持っている人はより裕福になり、持っていない人との格差が拡大するということだ。

この不等式が、現在を生きる人の状況にぴったりと符合したため、彼の本がベストセラーになった。

トマ・ピケティ的に言えば、「唐様で書く三代目」は唐様で書きながら、いつまでも楽しく暮らせるということなのである。こんな矛盾は許せないということで分断化があちこちで進んでいるのだろう。

会社でも同じだ。社長の息子は社長になる。上場企業であってもそんな会社、いわゆる同族会社が多い。どれだけ優秀でも社員は社長になれない。ある人が面白いことを言った。彼は、同族会社である超一流飲料メーカーの幹部なのだが、「わが社では私たちは絶対に社長にはなれないので派閥争いがない」と言うのだ。

普通の会社なら社長になるために社内で派閥を作ることがあるが、同族会社は、それがないという。たしかにそういう面があるかとも思う。

しかし「忠信にして禄《ろく》を重くするは、士に勧《すす》むる所以《ゆえん》なり」（『中庸』）にあるように、そうした同族会社では、成果を上げた部下を正当に評価するように努力しているから謀反が起きないのだろう。

以前、韓国取材で、韓国の財界人から、日本の財閥はなぜ永く続くのに韓国はダメなのだろうかと、聞かれたことがある。

三菱や住友のことを言っているのだ。

私は、それに対して番頭に人を得ているからだ、と答えた。そして財閥の相続人も、もし自分に能力がなければ、謙虚に番頭に経営を任すからだ、とも答えた。

同族会社に勤務した場合、社長になった同族が無能であるにもかかわらず傲慢で奢侈《しゃし》である場合は、彼を正そうとするのもいいが、転職する方がいいかもしれない。そんな会社は、早晩、経営悪化するだろうから。

再建の神様、早川種三《はやかわたねぞう》は「会社は内部から腐る」と言った。無能な人物を社長の縁故だという理由で取り立て、幹部にすると、たちまちダメになるという意味である。

リスクの基本は「最悪に備えよ」

「安辺《あんぺん》第三十六」は、突厥《とっけつ》を滅ぼした後、周辺国をどのように治めるかの議論である。

「易《えき》に云はく、安くして危《あや》うきを忘れず、理《おさ》まりて亂《みだ》るるを忘れず」

太宗は、遠くにある国を平定した時、直轄領にしようとした。それに対して最も信頼する魏徴《ぎちょう》は反対した。兵もコストもかかりすぎると言うのだ。太宗は、魏徴の意見を受け入れなかった。他の側近も反対した。その際、この言葉を側近が言った。「君子は安泰であっても危険を忘れず、治まっていても混乱を忘れない」と。

すなわち当てにできない遠くの国を治めるのにコストをかけるより、自分の足元を固めなさいと言うのだ。

しかし太宗はこの意見も無視した。わがままが出始めていたのである。

その後、西突厥がせめて来た時、初めて遠くの国を治めるコストに気づき、太宗は反省した。

この前章の征伐第三十五に
「進《しん》に退《たい》の義あり、存《そん》は是《こ》れ亡《ぼう》の機《き》、得《とく》は是れ喪《そう》の理《ことわり》なり」

という言葉がある。

「進むことだけを考えて退くことを考えない、続くことだけを考えて滅びることを考えない、得ることだけ考え失うことを考えない、得るは失うの理なのだ」

こういう意味である。

治世が長くなり、徐々に横暴になってきた太宗を側近が「足るを知る」ことが重要と諫めるのである。

太宗は、遠くの国も、自分の手元に置きたかったのか、元の君主の子孫にその国を預けることが心配だったのかわからないが、「得る」ことだけを考えて、失敗したのだ。

「進に退の義あり、存は是れ亡の機、得は是れ喪の理なり」

この言葉通り、進んでいる時は、退くことも頭に入れておくこと、存続だけを考えないで滅亡する時の対応を考えておくこと、儲かることだけ考えず損をすることも考えることがリスク管理の基本である。

私たちは、「最悪に備えよ」とよく口にする。

成功したら、それに溺れず、万が一、失敗した時のことを考えて対策をしておくことである。

コンティンジェンシー・プランという緊急時対応計画やＢＣＰ（ビジネス・コンティニュイティ・プラン　事業継続計画）などを企業は策定する。

会社は、いつ何時、災害や事故に見舞われることがあるかもしれない。そのような時に、いかに迅速に危機に対応するかによって、その会社の存続が決まる。

たとえば、グループで宴会をする場合、東京湾で屋形船に乗ろうというアイデアが出されたとしよう。この場合、船を二艘頼んで分けるのがいい。一緒に楽しみたいのにとの不満が出ても、仕方がない。一艘が事故に遭っても、もう一艘が生き残るからだ。

リーダーになった以上は、いつでも危機を覚悟しておかねばならない。

これは個人の危機管理と言うべきものだが、上司に提案する際は、三案を用意しろと言われる。

一つは最もリスクの高い案、二つ目は自分が受け入れてほしい中庸の案、三つ目は最も安全な案だ。

三つの案を出すことで、自分の考えにトップを引き込むことができる。こうしてトップの信頼を得ることができれば、部下の信頼も得ることができる。これも管理者の危機管理の一つである。

2001年9月11日、世界貿易センタービルにイスラム過激派の航空機が突撃した際、モルガン・スタンレーの警備主任だったリック・レスコラは大変な働きをした。

彼はその前に1993年2月の同ビル地下駐車場爆破事件の教訓から、「彼らはもう一度襲って来る」と確信し、社員たちに抜き打ち的に避難訓練を繰り返した。

訓練は、費用も掛かる。また、客と交渉を中断せざるをえないなど社員からは不評だった。それにもかかわらずレスコラはやり続けた。

そして運命の日が来た。航空機が突入した際、社員たちはレスコラの指示の下、避難訓練通りの行動が出来たのだ。

レスコラは、社員たちの避難を確認すると、まだ取り残された者がいると思い勇敢にもビルの中に戻り、犠牲になった。

彼のお陰で社員２６８７人の命が救われた。タワーが倒壊した時、ビル内に取り残されたのは、レスコラと４人の警備員を含めて13人だった。(『生き残る判断生き残れない行動――災害・テロ・事故、極限状況下で心と体に何が起こるのか』アマンダ・リプリー著、岡真知子訳、ちくま文庫)

レスコラこそ

「安くして危きを忘れず、理《をさ》まりて亂るるを忘れず」

の人物である。

避難訓練などなんの役に立つのかと思っている人がいるだろうが、いざ、危機に陥った時、パニックにならずにすむのは普段の訓練のお陰なのだ。

リーダーたるもの、いつでも危機であるとの心構えと、備えが必要である。

第3章
部下と共に仕事を動かす

部下は水。水が荒れれば舟（上司）は転覆する。

「政体《せいたい》第二」は、国を治める者たちの心構えを説いたものである。この章はトップリーダーだけではなく、組織の中軸を担《にな》う中堅の人たちへの教訓に満ちている。

「禍《わざわい》は身に及ばずと謂《おも》ひ、面従背言《めんじゅうはいげん》し、以《もっ》て患《うれい》と為《な》さず」

太宗は、官僚たちが、お互い、腹蔵なく意見を交わし合って、良い政策を実行しないと、国は乱れてしまうと懸念して、この発言をした。

隋が早く滅びたのは、隋の国の人たちが、災いは自分の身には及ばない、すなわち関係ないと思って、表では賛成するものの、裏に回ると相手を誹謗中傷していたためだ。そして国が亡びる混乱を想定していなかったからだ。

太宗は、官僚たちに、私心を排して、正しいことを、何事も包み隠さず議論して、上の者も下の者も、付和雷同《ふわらいどう》することがないようにと説諭する。

太宗の言葉の締めくくりに**「上下雷同すること勿《なか》るべきなり」**とあるのは面白い。

私は、勝手に付和雷同と言ったが、これの方が馴染《なじ》みがあるだろうと思ったからだ。

三省堂の新明解四字熟語辞典には、「付和」とは「定見をもたず、すぐ他人の意見に賛成すること」、「雷同」は「雷が鳴ると万物がそれに応じて響くように、むやみに他人の言動に同調すること」と解説してある。

今も昔も、付和雷同する人は多かったのだ。太宗は、こんな連中ばかりだと国が早々に滅びてしまうと心配になったのだが、会社も同じだ。

社内で自由活発な議論がなされず、偉い人に「はい、はい」と同調する人ばかりだと経営は悪化するに違いない。

「そんなことはわかっている」と言い出す人がいるだろうが、社内で上下関係なく自由活発な意見を戦わすなどというのは、非常に難しい。

私の知っている人は、宴会の席ではあったけれど「今日は無礼講だ」と言う上司の言葉を信じて、上司に厳しく意見を言った。すると、翌日、左遷されてしまった。「無礼講なんて言葉を信じた俺が馬鹿だった」と後悔しても後の祭りである。

上司は、「おい、誰も意見はないのか」と不満そうに言うが、なぜ意見が出ないのかを考えない。意見が出ない理由は、上司が、部下の意見、ましてや自分の考えに反する異論を受け入れる度量がないのを、部下がわかっているからだ。

経営破綻したJALを再建する時、再建を託された京セラの稲盛和夫《いなもりかずお》さんは「コンパ」という手法を駆使した。

それは、役員も一般社員も、整備関係者もパイロットも、キャビンアテンダントも、みんなが上下の隔《へだ》てなく、乾き物とビールやジュースで車座になって議論をし合う、というものだった。

JALは、当時、組合が9つもあるという内部対立の激しい会社だった。そんな中で、破綻からの再出発だとはいえ、役員も一般社員も一緒になって議論しろと言っても、そう簡単にできるものじゃない。

稲盛さんは、自らその車座の中心に座って、「なぜJALは破綻したのか」「なぜ再建しなければならないのか」「なぜＡＮＡ一社ではだめなのか」と彼らに問いかけたのだ。何度もコンパを繰り返すうちに、彼らはお互いに意見を交わすようになった。

そして稲盛さんが言ったのは「みんなで同じベクトルを目指そう」ということだった。熟語で言えば**「戮力同心《りくりょくどうしん》」**、すなわち心を合わせて協力しよう、力を合わせようということだ。

こうしてＪＡＬは再建への道を歩み出す。

たとえ数人の部下を抱えているだけであっても、腹蔵なく意見を言い合い、目標に向かっていくのは難しい。

こんなことを言えば、あの人を傷つけるのではないか、うるさい奴だと思われて嫌われるのではないかと思うからだ。

特に日本は、同調圧力が強い社会だと言われる。学校生活においても目立たないように、他の生徒と同じようにしなければ、苛《いじ》められる。このような同調圧力から抜け出るのは並大抵ではない。

課やグループを率いた時、どうしたら、この言葉にあるような**「禍は身に及ばずと謂《おも》**

ひ、**面従背言《めんじゅうはいげん》し、以て患《うれい》と為さず**」とならないようにできるだろうか。

これはひとえに課長やグループリーダーの度量次第だ。どんな意見であっても受け入れることだ。耳を傾けることだ。

その際、重要なことは、テーマは与えても、自分の好ましいと思う方向に誘導しないことだ。

これが絶対に大切である。部下たちはリーダーの顔色を窺《うかが》っている。リーダーが気に入るような意見を言おうと考えている。そのような状況なのに、リーダーが自分の考えを先に言ってしまうのは、最初から結論ありきの議論になる。

これでは自由闊発な議論にはならない。非常に難しいが、「我慢」をし、にこやかに部下たちの声を聴くようにしたい。

「君は舟なり。人は水なり。水能《よ》く舟を載《の》せ、亦《また》能く舟を覆《くつがえ》す」

太宗は国が亡びるのは、臣下が君主に正しい情報を上げず、目や耳を塞《ふさ》いでしまうからだと心配して、「民とは誠に恐るべきものである」と言う。

中国の王朝は、「易姓革命《えきせい》」によるという。日本のように永久に一つの系統が続く万世一系ではない。

「易姓革命」とは、天子の徳がなくなれば、天が他の人に王朝交代を命じる、という思想である。

そのため太宗は、民衆を怖がったのである。天命とは、民衆の支持そのものであるからだ。

「民とは誠に恐るべきものである」と言った太宗に対して側近が答えたのが、この言葉である。

読んで字のごとく。君主は、水に浮かぶ船であり、水が穏やかならば船は浮かんでいられるが、水が荒れると、船は転覆すると言うのである。

最近、この言葉通りの事態が中国で起きた。

習近平政権は、厳しいゼロコロナ政策を国民に強《し》いていた。街は、ロックダウンされ、人々は、ちょっとでも外出すると、白い防護服を着た警察官に逮捕され、コロナに罹患《りかん》すると、家中に消毒液をまき散らされる。

経済は低迷し、外国旅行はもちろん、国内旅行も出来ない。

中国以外の国々はウイズ・コロナ政策で、マスクなしでサッカーのワールドカップを楽しんでいる。いったいいつまで中国はこんな厳格なゼロコロナ政策をやっているんだと、不満は溜まりに溜まっていた。そこに新疆《しんきょう》ウイグル自治区での火事で、消防車が間に合わず多くの人が焼死した。

ゼロコロナ政策のせいで焼死者が出たのだと人々は騒ぎ出し、全国にデモが拡大した。デモ隊の中には、習近平退陣を要求する人まで現れたのである。

まさに水が荒れ出したのだ。これに慌てた習近平政権は、ゼロコロナ政策を廃止してしまった。なんの備えもなく、ただただ共産党の言うことが絶対的基準である中国では、あっという間《ま》にコロナが蔓延し、ある研究によると9億人が罹患し、数万人が命を落とすという事態になったのである。

中国は、軍事力を増大させ、南西諸島など、外に向かって影響力を強めている。一方、それ以上の予算を使い国内の監視、引き締めを行っている。

中国の支配者は、いつの時代も民衆が恐ろしいのだ。彼らは水であり、静かな間はいいのだが、荒れ出すと舟（政権）をひっくり返すからだ。

これは会社も同じだ。会社では社長が偉いことになっている。しかし、真に偉いのは、真に恐ろしいのは、社員（正規、非正規問わず）である。

最近は、ストライキなどの行動を起こす社員はいないが、社員の離反を招くと、会社は破綻する。

たとえば東芝である。社長は社員を集めて、「チャレンジしろ。利益を上げろ」と発破をかけ続けた。過大な業績要求に疲れ切った社員たちは、不正に手を染めることになる。

子会社や協力会社に無理やり依頼し、利益の付け替えをしたのだ。期末には、架空売り上げを計上し、利益を水増しした。不正が発覚した後、調査した会計士は、営業利益が売上高より多くなっていることに驚愕したという（拙著『病巣──巨大電機産業が消滅する日』朝日文庫）。

こんな不正は許されないと憤《いきどお》った社員が、金融庁に内部告発したことを契機に、東芝の凋落《ちょうらく》が始まったのである。

日本企業は、堅実で、技術力もあり、信用を重んじると世界で信じられていた。

ところが多くの会社でデーター改ざんなどの不正が相次いだ。情けない限りである。

これらの多くは社員の内部告発から不正が発覚したのである。

恐るべきは社員（水）なのである。水（社員）が怒り、荒れれば、舟（会社）は転覆するのである。


私の経験を話そう。

私が銀行の支店に勤務している時、本部からある人が課長として赴任してきた。仮に桜井さんとしておこう。

彼は、由緒ある生まれで、エリートであることを吹聴して回った。これで仕事ができればいいのだが、仕事に関してはまったくの無能だった。それにもかかわらず、若くてまだ仕事に慣れない部下を叱りまくるのだ。厳しく、人格攻撃までする。

私は次席だったが、泣き顔で叱られる若手を見ていられなくなった。

私は覚悟を決めた。

夜、課長を食堂に呼び出した。課長は何ごとかと少しビクつきながら私の前に立った。

私は、彼を見つめて「課長、あなたは私の人事権を持っている。だから私は覚悟して今から話します。ですから課長も覚悟して聞いてください」と言った。

課長が、緊張してごくりと唾を飲み込む音が聞こえた気がした。

「あなたが部下を叱るのは、私怨にしか思えない。指導ではない。彼らを逃げ場のない形に追い詰めてはなりません。だれもあなたについて行こうと思わなくなります。改めてください」

私は言った。

課長は、神妙な顔で「わかった」と言ったが、結局、まったくわかっていなかった。あちこちで私の悪口を言い、人事評価でも最低点をつけた。

しかし、「人を呪わば穴二つ」の喩《たと》え通り、課長の無能ぶりは支店長など支店幹部の知るところとなり、左遷されたのである。

私たち部下（水）から見放された課長（舟）は、転覆してしまったのである。

上だけ見たり、エリート風を吹かせ、部下を奴隷の如く扱うグループリーダーは、いずれ失墜するのである。自分の出世のために部下を使役するな、と言いたい。

「玉《ぎょく》、美質有りと雖《いえど》も、石間《せきかん》に在りて、良工《りょうこう》の琢磨《たくま》に値《あ》わざれば、瓦礫《がれき》と別《わか》たず。若《も》し良工に遇《あ》えば、即ち萬代《ばんだい》の寶《たから》と為《な》る」

太宗は国家の統治について側近と話していた。

一人は「人々は、平和になるとだんだんと軽薄になるので法律などで厳しく管理しないといけない」と言った。

しかし、『貞観政要』に最も多く登場し、太宗からの信頼も厚い諫議大夫である魏徴は、仁義道徳を貫く「王道」「帝道」を行い、上下が心を一つにすれば、平和になると答える。

結果は魏徴の言う通りになった。

そこで太宗は、自分は才能がない石だが、魏徴によって磨かれ、宝になったと言い、魏徴こそ腕のいい工匠だとほめたたえたのである。

ここでは太宗が自分のことを謙遜し、石に喩えたが、この言葉は「玉磨かざれば光無し」という、よく知られている諺《ことわざ》と同じものだ。

人には、いろいろな才能があるが、それを見つけ出し、磨いてくれる指導者がなければ、才能は開花しないというのは道理である。

一方で、私の知っている銀行の役員は、出世した部下に対して「私が彼を育てた」と自慢していた。

そして役員を終えた後、かつての部下たちに「私が育てたのだから」と、接待などを強要していた。

かつての部下たちは、そんな元役員の行動に辟易《へきえき》としていた。私から見れば、彼の部下たちは一騎当千《いっきとうせん》の強者《つわもの》揃いで、元役員が育てなくても勝手に育つような人材ばかりだった。

それはさておき、部下を持ったら、その才能を引き出すのもグループリーダーの務めである。

私は銀行員だったが、これは端《はた》で見るより難しい仕事である。

というのは、事務的に几帳面《きちょうめん》で、なおかつ営業センスが必要だからだ。

客から命の次に大事なお金を預かるのが銀行員である。当然、ごまかしやルーズな事務処理は許されない。几帳面でないと務まらない。

その点、私は失格だった。

客からお金を預かると、集金帳というものに金額などを記入し、預かり証として客に控えを手渡す決まりがあった。

銀行員のカバンの中には、かならずこの集金帳（現在は電子化され、集金帳の代わりにタブレットを持参している）が入っているのだ。

ある時、私は、副支店長と客のところに行った。客が小切手を渡した。預かって欲しいと言うのだ。

当然、集金帳に記入しなければいけない。しかし、私は持っていなかった。

副支店長は困惑し、「しょうがないなぁ」と言い、自分の名刺を取り出すと、その裏面に「小切手預かりました」と記入して、客に渡した。

明らかにルール違反なのだが、仕方がない。今でも、迷惑そうな副支店長の顔を思い出すことが出来る。

私は几帳面ではなく、ルーズだったのだ。

しかし、そんな私を上司たちは温かく支えてくれた。

「江上は、好きにやらせるのが一番だ」

こんな温かい言葉をかけてくれる上司もいた。

営業が大好きだった。

私がどんな突飛な営業活動をしても、上司は許してくれた。

「君は感情が豊かだから銀行員に向いている」

事務処理や計算が苦手なので銀行員には向いていないと思っていたのに、感情が豊かだから銀行員に向いていると言われた。感情が豊かだと客に寄り添うことができるからだろうか。これを聞いた時、銀行員として働いていく自信がついた。


私は、残念ながら49歳で銀行を辞めてしまったが、その辺に転がっているような石を多くの上司が磨いてくださった。

私は、エリートで入行したのではない。後に人事部に行き、私の入行時の評価を見たことがある。それには「数次第」と記入してあった。

要するにどうしても採用したい人材が、他社に逃げてしまった際に数合わせ、穴埋めに採用を検討すると言うのだ。

この評価には、がっくりしつつも、話のネタに使えると笑ったものだ。

こんな路傍《ろぼう》の石の私でも、ちゃんと磨いてくれた上司たちは本当に偉いと思う。

チームというのは、エリートばかり集めても機能しない。野球に喩えれば、走るのが得意な選手、打つのが得意な選手、投げるのが得意な選手など、それぞれの得意分野の選手を集めれば、野球チームは強くなる。

大谷翔平やイチローのような走攻守がそろった選手は例外中の例外なのだ。そんな選手を求めても見つかりっこない。

銀行も会社も一緒である。几帳面、かつ営業抜群という人材は稀有なのである。営業が抜群な人は、多少ともルーズであることがある。几帳面な人は、営業が不得意なこともある。

それぞれの良い面、才能が発揮される面を見つけて、それを伸ばすのがグループリーダーの役割である。

「得手《えて》に帆を揚げ」という諺があるが、部下の「得手」を見つけて、磨いてやれば、どんな石ころの部下でも玉になって輝き出すだろう。

部下がやる気を起こすのは、上司の一挙手一投足次第。

「任賢《にんけん》第三」には、太宗の部下たちが紹介されている。どんな部下が好まれるのかの参考になるだろう。

「夫《そ》れ銅を以《もっ》て鏡《かがみ》と為《な》せば、以て衣冠《いかん》を正《ただ》す可《べ》し。古《いにしえ》を以て鏡と為せば、以て興《こう》替《たい》を知る可し。人を以て鏡と為せば、以て得失《とくしつ》を明《あきら》かにす可し」

この言葉は、太宗が最も信頼する諫議大夫である魏徴が亡くなった時に、その死を嘆いて発言したものだ。

魏徴は、太宗が倒した皇太子である兄の李建成《りけんせい》の側近だった。李建成に太宗（李世民《せいみん》）討つべしとけしかけていた。

太宗は、李建成を倒した後、すぐに魏徴に問いただした。なぜ、わが兄弟を離間させようとしたのかと。

それに対して魏徴は平然として「皇太子（李建成）が私の忠告に従っていれば、必ずや今日のような災いはなかったでしょう」と答えた。

自分の言う通りにしていれば、李建成は倒されることもなかったと言ったのだ。

この素直な答えを聞き、太宗は、魏徴を側近に取り立て、皇帝に諫言する諫議大夫とするのだ。

かつての敵を側近にする太宗は偉い。しかし、「忠臣は二君に仕えず」という考えが染みついている日本人の感覚としては、ちょっと疑問にも思えるのだが……。

それはともかくとして魏徴は、徹底的に太宗に仕える。そして側近中の側近になるのである。

太宗は、魏徴と国政などについて語ることを楽しんだようだ。その魏徴が亡くなった。

太宗は、「銅で鏡を作れば、姿、形を正すことができる、歴史を鏡とすれば、国家の興亡を知ることができる、人を鏡にすれば、自分の良い点、悪い点を明らかにすることができる。私はこの三つの鏡を持っていたので、間違うことはなかった。ところが魏徴という鏡を失ってしまった」と嘆いたのである。

太宗にとって魏徴は、自分の判断を映す鏡だったのである。

これを会社で言えば、どういうことになるのだろうか。

社長が、部下を鏡として位置付ければ、部下にとってこんなに名誉なことはないだろう。

社長が何かを判断する際、部下に意見を聞き、それを参考にして決定するのだ。

実際にそんなことはあるのだろうか。

重要な案件は、部下が上げてくる。それを社長が決裁するのだが、その際、意見を聞くのは、コンプライアンス担当部署や法務部に所属する顧問弁護士、そして社外役員だろうか。

彼らが案件の法的、倫理的側面などを検討し、社長に意見具申する。そうして問題がなければ、実行されることになる。

現在では魏徴の役割を果たしているのは、こうした役目を担っている人たちになるのだろう。

しかし、本当のイノベーションの決断は、社長一人がやることが多いのではないだろうか。

ヤマト運輸の創業者の小倉昌男《おぐらまさお》さんは、弾圧的な取引を強《し》いる某大手デパートの配送業務を止めて、宅配便を始めたのは有名な話だ。

その決断をする際、幹部たちは主要な取引先との取引を止めることに役員たちは大反対したそうだ。

ある名経営者は、役員が全員賛成するような案件は失敗するが、10人中、8人が反対するような案件なら実行して、成功すると言う。

これがどのケースにも当てはまるとは思わないが、ある種の真理をついていると思われる。

だれもまだ実行していない事業や、起死回生の新製品を発売する際などは、社長の孤独な判断になるのではないだろうか。

マーケットがないわけだから専門家も成功するかどうかの判断ができない。イノベーションにはいつもリスクが伴うものである。

もし、担当者がイノベーション的ビジネスを発想した時、どうするか？

私の経験で申し訳ないが、昭和59年（１９８４年）だから、今から39年前にもなるが、大沢商会が破綻し、セゾングループの下で再建されることになった。

その頃、私は第一勧業銀行芝支店に勤務していた。

再建会社である大沢商会の担当になった私は、何か、役に立つことはないかと考えていた。

その時、仕入れ先への支払いに苦労していると財務担当者から聞いた。

破綻した会社なので、手形で支払うわけにいかない。そこで販売先から回収してきた少額の手形を何枚も集めてそれで支払っていた。この事務作業が大変だったのだ。

私は、それなら銀行がそれらの少額手形を預かり、それを担保にして、銀行が支払い保証する手形を発行すればいいではないかと思いついた。

「手形保証のシステムを考えましょう」

私は大沢商会の財務担当者に提案した。

仕組みは、銀行に預金担保と発行に見合うだけの手形を譲渡担保で差し入れてもらう。

銀行は、譲渡担保手形に見合う支払い手形を発行し、それに系列のファクタリング会社が支払い保証をするのである。

手形を受け取った大沢商会の仕入れ先は、銀行の系列ファクタリング会社が支払いを保証しているので安心して受け取り、銀行へ割引で出すこともできる。大沢商会は、面倒な支払い業務から解放され、銀行は保証料収入が得られる。

三社がすべてにメリットがあるというものだった。

しかし、破綻し、更生中の会社が手形を発行したことは過去に例がない。そこで法的側面を詰める必要があった。私は契約書を作成し、法的に問題ない仕組みに仕上げた。銀行の法務部も東京地裁もそれを見て了承した。

ところが、銀行の本部で企業に対する商品を考えている部署が反対したのだ。

倒産した会社に銀行系列の会社が手形保証するなど前例がない、レピュテーションリスクがある、すなわち風評被害があるなどと難癖をつけてきたのだ。

何事も前例のないことをやろうとすると、反対はつきものなのだ。だいたい反対するのは、官僚的な本部の人間と決まっている。

その時、私を応援してくれたのは、直属の課長など支店の幹部たちだった。彼らは、私

郵便はがき

料金受取人払郵便

牛込局承認

8133

差出有効期間
2023年8月
19日まで
切手はいりません

162-8790

東京都新宿区矢来町114番地
神楽坂高橋ビル5F

株式会社ビジネス社

愛読者係行

ご住所 〒 TEL: ( ) FAX: ( )		
フリガナ お名前	年齢	性別 男・女
ご職業	メールアドレスまたはFAX メールまたはFAXによる新刊案内をご希望の方は、ご記入下さい。	
お買い上げ日・書店名 年 月 日	市区 町村	書店

ご購読ありがとうございました。今後の出版企画の参考に
致したいと存じますので、ぜひご意見をお聞かせください。

書籍名

お買い求めの動機

1　書店で見て　2　新聞広告（紙名　　　　　　　　）
3　書評・新刊紹介（掲載紙名　　　　　　　　）
4　知人・同僚のすすめ　5　上司・先生のすすめ　6　その他

本書の装幀（カバー），デザインなどに関するご感想

1　洒落ていた　2　めだっていた　3　タイトルがよい
4　まあまあ　5　よくない　6　その他（　　　　　　　　）

本書の定価についてご意見をお聞かせください

1　高い　2　安い　3　手ごろ　4　その他（　　　　　　　　）

本書についてご意見をお聞かせください

どんな出版をご希望ですか（著者、テーマなど）

を助けて、本部官僚や役員たちを説得してくれた。

その結果、めでたく実行にこぎつけ、この保証手形の仕組みは、法務雑誌や新聞に取り上げられ、他の銀行も真似をするようになった。

遠い昔の自慢話をしてしまって恥ずかしいが、太宗の言う「人の鏡」という点から考えると、私のような突飛な発想をする部下が新しいことを考えた場合、その鏡になるのは、直属の上司、グループリーダーだということだ。

太宗は、魏徴を鏡にして、自分の考えや行動を正したが、それはとりもなおさず魏徴が諫言した際、太宗がそれを受けてどのように行動するかということである。

私が、保証手形を考案した際、直属の上司たちが本部の反対を唯々《いい》諾々《だくだく》と従ったら、保証手形という新サービスは実現できなかったばかりか、私の信頼も失ったことだろう。

部下を持った場合、直属の上司は、自分が部下にとっての「鏡」であると認識するべきなのだ。部下のやる気、意欲を掻き立てるか、喪失させるかは、自分の一挙手一投足次第である。

「常在戦場」の心構えは、必ず部下に伝わる。

「求諫《きゅうかん》第四」は、皇帝の過失を遠慮なく諫めよ、という章である。はたしてそのようなことが可能なのか。

「太宗、其《そ》の此《かく》の若《ごと》くなるを知り、人の事を奏《そう》するを見る毎《たび》に、必ず顔色を假借《かしゃく》し、諫争《かんそう》を聞き、政教《せいきょう》の得失《とくしつ》を知らんことを冀《こいねが》ふ」

太宗は、正しい政治を行うために部下たちになんでも意見を言いなさいと常々言っていた。しかし、いかんせん、威厳がありすぎた。

部下たちは、太宗に諫言しようと、彼の前に立つのだが、威圧され、何も言えない。

太宗は、そのことに気づき、部下が上奏するたびに、表情を和らげ、進言しやすいようにして、政治の問題点を知るようにしたという。

私たちは偉い人の前に出ると、おろおろとして落ち着きを無くしてしまう。ましてや経営の問題点を進言するとなると、なおさらだ。怒鳴られるのではないか、クビになるのではないかなどと、考えなくてもいいことまで考えてしまい、十分に意を尽くせないことが多い。

かつて勤務していた銀行にも、やたらと威圧感を醸《かも》し出す副頭取がいた。

誰もが、彼の前では十分に自分の意見を言えなかった。

やせぎすで、目が鋭く、いかにも頭がいいと思わせる雰囲気があった。

昔の話だが、ある時、頭取室で、彼と広報部長と私の三人は、頭取が大蔵省の銀行局長から電話を受けているのを聞いていた。

頭取が、銀行局長から何かを言われ、受話器を持ったまま、へらへらと追従《ついしょう》笑いをした。

すると、頭取の傍に立って電話内容を傍受していた彼は「笑うんじゃない！」と室中に響くような声で、怒鳴った。

頭取はびっくりして受話器を落としそうになった。広報部長は、座っていたソファから飛び上がって、なぜが彼に向かって90度腰を曲げ、頭を下げた。

私は、「ああ、まただ……」と呆れて、そのままソファに座っていた。

というのは、彼は絶えず怒鳴るのだ。怒鳴って、相手を怯《ひる》ませ、自分のペースに持ち込むのを得意技としていた。それを私は、百も承知だった。

なぜか？　暴力団や総会屋が、銀行員という気の小さな小雀みたいな人間を言う通りに従えさせる時に使う手段だったからだ。私は、そんな反社会的な連中と、貸出金回収などの交渉をしていたから、慣れっこになっていたのだ。

太宗は、自分の威厳が、部下たちを委縮させ、言いたいことも言えなくしていると気づき、笑顔（?）で接するようにしていたのだろう。

部下の本音を聞かねば良い政治は出来ない、という危機感からだ。威厳のある人が、無理に笑顔を作っても、ちょっと怖い気もするが……。

部下からの意見を聞く時の表情や態度は、太宗に学ぶべきだ。

「課長、この契約を締結したいのですか」

部下が言う。

新人の部下が、初めて獲得した契約だ。
課長としてどのように答えるべきか。

CASE①
「そんな儲からない契約は、後にしろ。今、忙しいんだ」
眉間に皺《しわ》を寄せ、面倒臭そうに言う。

CASE②
「よくやったな。ちょっと見せてみろ。いいぞ、いいぞ」
破顔一笑。満面の笑みで部下を激励する。

誰が見ても、ＣＡＳＥ②が良いに決まっている。
しかし、私は、多くの管理職がＣＡＳＥ①の態度、あるいはそれに類する態度をしているのを知っている。
私が、まだ若手行員だった頃、課長と一緒に融資案件を持って審査部に説明に出かけたことがあった。

審査部長を前にして、課長が、滔々《とうとう》と案件の説明をする。それは私の案件なのだが、まるで課長が一から十までやってのけたかのように得意そうに話す。

私は、黙っていた。私にしてみれば、審査部長が承認してくれさえすればいいからだ。ところが審査部長が、問題点を指摘した。すると、先ほどまで舌が滑《なめ》らかだった課長が、言葉に詰まり始めた。ちょっとしたミスが見つかったのだ。すると、課長は私の方を向き、「これは彼のミスですから、彼から説明させます」といきなり言った。

私は「申し訳ありません」と頭を下げ、なんとかそのミスを説明し、「後ほど、修正して、再度、案件を提出します」と言った。

私は、腹が立って仕方がなかった。調子のいい時は、自分の手柄にし、ちょっと悪くなると、部下の責任にしたからだ。

こういう態度を取る課長は、自分の拙《まず》さに気づかない。部下から提案を受けた際の、表情や態度も同じだ。自分の不味さに気づかない上司（課長）は、部下にどんなに不愉快な思いをさせ、やる気を削《そ》ぐ答えをしているか、まったくわかっていないことが多い。

「常在戦場」という言葉がある。常に戦場にいるような緊張した気持ち、態度でいなさいという意味だ。

私は、部下から何か提案を受けた場合、それに対しては戦場にいるような気持ちで答えるべきだと思う。

一発勝負である。もし部下を委縮させるような態度、表情で、否定的な回答をしたら、部下は、二度と提案してこないだろう。

最悪なのは、他の部下にまでそれが影響することだ。

「ああ、どうせ、課長は、われわれの意見など聞いてくれないんだ」

そのように他の部下も思うだろう。こうなると面従腹背である。課の雰囲気は最悪になり、業績は低迷する。

多くの会社で、コミュニケーション不全から、不祥事が起きている。みずほ銀行のシステムトラブルの原因も、言いたいことを言える雰囲気がなかったからだという。

部下が、自由闊達に楽しく仕事ができるような雰囲気を作るのは課長の責任であり、課長のためでもある。

部下の笑顔の向こうに、お客様の笑顔があると思って、グループリーダー（課長）は部下に接するべきである。

成果を上げた部下は、まず褒めよ。

「教戒太子諸王第十二《きょうかいたいししょおう》」には、皇太子などへの教訓事例が書かれている。太宗は、本当に息子たちの教育に苦労していたのだと、同情を禁じ得ない。

「人君《じんくん》と為《な》りて、無道《むどう》なりと雖《いえど》も、諫《いさ》めを受《う》くれば、即《すなわ》ち聖《せい》なり」

太宗は、皇太子を身近において、何かにつけて教え諭した。

たとえば食事をしている時は、皇太子に「飯を知っているか」と聞く。皇太子が「知りません」と答える。すると太宗は、「これは農民が苦労して収穫したものだ。農民の時間を奪わなければ、此の飯にありつける」など、あらゆる機会に教訓を垂れた。

どうしてそんなことをするかと言えば、この言葉のように「君主になった際、無道、暴虐非道であっても、諫言を受け入れれば聖人になる」と考えるからだ。

太宗の思いは、切実だ。隋にしても秦にしても、君主が無道で、かつ側近の諫言を受け入れなかったために、短期間に滅びてしまった。

唐がそうなってはならないと太宗は願い、高宗になる李治《りち》にいろいろと教訓を口にしたのだろう。

この言葉は、太宗がいかに子どもの教育に腐心しているかを示すものだろう。

李治は皇帝になって、暴虐非道になったとしても教育が行き届いていれば諫言を受け入れ、明君になるだろうと言うのだ。

それにしても父親の太宗からいろいろと言われる李治は、うんざりだったのではないか。

能の世阿弥の書に『風姿花伝』に、こんな一節がある。

「この芸において、おほかた、七歳をもてはじめとす。このころの能の稽古、必ず、その者、自然と為出《し》だす事に、得たる風体《ふうてい》あるべし。舞《まい》・はたらきの間、音曲《おんぎょく》、もしくは怒《いか》れる事などにてもあれ、ふと為出《し》ださんかかりを、うち任せて、心のままにせさすべし。さのみに、よき、あしきとは教ふべからず。あまりにいたく諫《いさ》むれば、童《わらべ》は気を失ひて、能、ものくさくなりたちぬれば、やがて能は止まるなり」

年齢に応じて、どのように教育したらいいかを書いたもので、これは七歳の童子を対象にした内容だ。

世阿弥は、子どもにはあれこれ細かいことを注意するな、自由にさせておけと言う。そうでなければ子どもは、面白くないので能の稽古をしなくなる、と。

これは七歳児ではなくとも、一般に通用する。

どんな会社でも、こまごまと注意ばかりする上司は嫌われる。部下を委縮させてしまうからだ。

私も細かく注意する上司に仕えて、委縮し、仕事が嫌になったことがある。

初めて銀行の本部企画部門に配属になった時のことだ。

営業店しか経験のなかった私は、初めての本社勤務に緊張していた。

上司からは、「本部は噂が大事だ。あいつはできるという噂が立ったら順調に昇進できるが、そうでなければ見込みはない」と冷たく言われた。

山出しの私は、けっして要領のいい方ではない。噂イコール評判ということだが、いい噂など立てる術《すべ》を知らなかった。

直属の部長は、取締役で、慶應大学出身で、エリート然としていた。

私は、支店業績をまとめた表を作成した。当時は、またパソコンがあまり普及していなかった。

一晩かけて手書きで作成した表を、部長に提出した。

それなりに自信作だった。

ところが部長は、その書類を一顧《いっこ》だにせず、私の足元の床に捨てたのだ。

唖然として、私は、それを拾うことさえできず、その場で体が固まってしまった。

「汚い。汚れている」

部長は言った。

「すみません」

私は、ようやく膝をかがめて書類を取り上げた。そして隅々まで書類を検分した。

けっして汚くはない。どこが汚いのかわからない。

「わからないのか。右隅を見てみろ」

部長が言った。

私は、目を皿のようにして書類の右隅を見た。するとそこに本当に本当に、微細なインク染みがあった。

探すのに苦労するほどだった。それは、重要な数字をサインペンで黒く枠取りする際、定規の当て方をミスして付いたと思われる染みだった。

私が一晩かけて作った書類の中身なんかまったく見ないで、微細なインク染みを見つけて、部長は、書類の受け取りを拒否したのだ。

私は、どうしていいかわからなかった。

「再提出します」

私は引き下がったものの、新しく書類を作り直すことが、なかなかできなかった。どんな欠点を指摘されるかわからない不安にとらわれたからだ。

部下への細かい指摘は、委縮させるだけだ。

部下は、褒めないと育たない。「猿もおだてりゃ木に登る」という戯《ざ》れ言《ごと》があるが、部下は木に登らせるほど、おだてて、褒めた方がいい。

子どもが数学一〇〇点で国語五〇点の答案を持って帰ってきたとしようか。

子どもは数学の一〇〇点を褒めてもらいたいと勇んでお母さんに答案を渡した。

すると、お母さんは渋い顔で「国語が悪いわね」と言う。

子どもは、がっくりだ。この結果、得意の数学も嫌いになるだろう。

会社でも同じだ。部下が成果を上げれば、一生懸命仕事をすれば、まず褒めようではないか。

部下の欠点ばかり見つけるのが得意な上司は、上司失格である。


「前代の撥乱《はつらん》創業《そうぎょう》の主《しゅ》を歴観《れきかん》するに、人間《じんかん》に生長《せいちょう》し、皆、情偽《じょうぎ》を識達《しきたつ》し、破亡《はぼう》に至ること稀《まれ》なり」


太宗は側近に、乱を治めて国を創業した歴代の君主たちは、皆、民間の生まれ育ちで、世の中のことを良く知っていたので、破滅に至る者は稀だったと言った。

その上で、自分は苦労したので世間のことを良くわかっているが、弟たちは宮中育ちで、苦労知らずであり、心配なので、良い補佐役を付けてほしいと頼んだ。

太宗は、本当に心配性である。自分の息子や弟が、贅沢三昧で暮らしているので、世間のことがわからず失脚したり、側近にそそのかされて反乱を起こしたりするのではないかと懸念しているのだろう。

この言葉から何を学ぶか。

中国の国ばかりではない。日本の企業においても創業者は苦労の末に事業を立ち上げている。

戦後は、特にそうである。

私は、セブン&アイホールディングスの創業者である伊藤雅俊《いとうまさとし》さんと鈴木敏文《すずきとしふみ》さんをモデルにした小説『二人のカリスマ』(日経BPで単行本上下巻、PHP文芸文庫『スーパーの神様』『コンビニの神様』として2023年再刊)を上梓したが、その際、取材で出会った流通業の創業者は皆、市井の苦労人だった。

伊藤雅俊さんは海軍の特攻隊の生き残りだし、ライフの清水信次さん、イズミの山西義政《やまにしよしまさ》さんも戦争で、一度は死を覚悟した人たちだった。

彼らは、戦争には負けたが、絶対に日本を復活させるのだという心意気でスーパーを創業し、発展させた。

苦労人だけに人々がどんな欲求を持っているかを把握し、人々が買いたくなるような店を作ったのだ。

太宗が言う通り、政治も事業も世の中のことをよく知っていたら、滅びることはないのである。

ところが現在は、どうか？

創業者は引退し、二代目、三代目に引き継がれている企業が多い。後継者は、世間を知らない。親の苦労も知らない。贅沢に暮らしている。傲慢になっている。このような状況の会社が増えているのではないか。だから日本経済に戦後のような勢いがない。

大企業もしかりである。入社してくるのは、皆、同質の人材ばかりである。彼らは有名高校を経て、有名大学を卒業して入社する。成長過程も、家庭環境も似ている。そんな人材ばかりが集まっていると、会社はどうなるか？

同じような考えを持った人たちから新しい発想は生まれない。新しく冒険しようという気概もない。こうなると会社は、現状維持となる。世の中が変化する中で現状維持は衰退である。

異次元の金融緩和を２０１３年から十年間にわたって実施したが、２％のインフレを達成できなかった。ロシアのウクライナ侵攻という世界的危機が始まって、日本もインフレになりつつあるが、これは金融政策の成果ではなく、危機によるもので、期待していた安定的なインフレではない。

どうしてこれほどまで金融緩和を継続し、低金利政策を続けてきたのに経済は冷え込んだままなのか。

これには専門家の検証が必要だが、私は、日本の企業の人材の同質化が原因の一つではないかと思う。

異質な人材が会社に入社せず、皆、右向け右、左向け左になったのではないか。

新しい企業が多く誕生するアメリカは、多様性の国、多民族の国である。彼らは、苦労して人々のニーズを摑んで、会社を創業する。

日本も多様な人材が活躍する会社が増えれば、金利が上がろうとも勢いが増すだろう。

部下を持つなら、多様性を意識するといい。多様性にもいろいろある。老壮青、男女、ＬＧＢＴＱなどの性的マイノリティ、多国籍多民族など、とにかく違った育ち、考えを持った部下を集めるのだ。

そして彼らと楽しみながら仕事をしてみよう。人々の意外なニーズを摑むことができて、新しい事業を開発、展開することができるに違いない。

新しいことは「辺境」から始まる。
異端の部下に期待しよう。

「貢賦《こうぶ》第三十三」には、貢献と賦役のことが書いてある。賦役は税のことだが、ここでは貢献のことのみ書いているようだ。

皇帝への貢ぎ物は、その地方の産物にしなさいとか、ふるさと納税みたいなことも書いてある。

「若《も》し惟《た》だ美を揚《あ》げ過《あやまち》を隠し、共に諛言《ゆげん》を進めば、則《すなわ》ち国の危亡《きぼう》、立ちて待つ可《べ》きなり」

太宗に、ベトナムや西国諸国の使者が貢ぎ物を持参してきた。

彼らを出迎えながら太宗は側近に言った。

使者たちの姿を見ると、不安になる。秦の始皇帝や前漢の武帝も四方を平定した。しかし滅んでしまったり、衰退したりした。私も、四方を平定したことでは二人に劣らないが、同じように滅びてしまわないか、いつも心配している。

そうならないためには君たちが諫言して私が過《あやま》たないようにしてくれないと困る。そして「もし私のいい面ばかり褒めて欠点に目をつむり、私におべっかだけを言っているようなら国の滅亡の危機はたちどころにやってくるだろう」と言った。

太宗は、多くの国々が朝貢してくるのを見て、大成功に酔いしれるのではなく、不安に襲われていたのだ。

これを心配性すぎると言う勿《なか》れ。大成功した人の多くは心配性で、慎重なのだ。

先にも触れたセブン＆アイホールディングスの創業者の伊藤雅俊さんが言った言葉が忘れられない。

「江上さん、私はね、こんな大きな会社になるより、街の商店で、お客様を相手にこぢんまりと商売したかったのですよ」

伊藤さんはしんみりと言った。

「何をおっしゃっているんですが、10兆円の大企業にしておいて」

私は、伊藤さんの心配性ぶりを、ちょっと笑った。

「潰れやしないかといつも心配なんですよ」

伊藤さんは真面目な顔で言った。

伊藤さんは「成長より生存」ということをよくおっしゃった。太宗に倣《なら》えば「創業より守文（守成）」ということになるだろう。

だから「潰れることが心配」だったのだ。私は、大企業を創業し、維持されている「最後の大商人」はやはり偉大であると感服した。

会社が潰れれば、従業員、その家族、取引先など何十万人という人の生活に大きな被害を与えてしまう。その怖れに、謙虚に向き合い、いつも心を震わせているからこそ、経営が安定するのだ。そのことを伊藤さんはおっしゃったのである。

平安時代に権勢を振るった藤原道長は、「この世をば我が世とぞ思ふ望月の欠けたることもなしと思へば」と詠った。

なんという傲慢さであろうか。道長の晩年は病気がちだったというが、不安の裏返しがこの歌を詠ませたのかもしれない。

経営者の中には、追従、阿諛《あゆ》する側近ばかり集めて、異論を許さない人もいる。

私は、勤務していた第一勧業銀行が富士銀行や日本興業銀行と経営統合し、みずほ銀行になってから退職したのだが、役員からいろいろと注意されたことがあった。「逆らうな」と。

三行は、絶えず争いばかりしていた。私は、支店長だったが、三行の役員に「争うな」と私的ではあるが諫言していた。特に富士銀行の親しかった役員には「もっと富士銀行の良さを主張すべきだ」などと言ったこともある。そんな態度が第一勧銀の役員の耳に入ったのだろう。それが「逆らうな」という言葉だった。口を閉ざせ、そうすれば出世の道、役員への道が拓《ひら》けているとも言われた。

しかし黙っていられなかった私は、銀行に居場所はないと思い、退職したのだ。

周囲に追従者ばかり集めると、リーダーは気分がいいに決まっている。

それは会社のトップばかりではない。首相も同じだ。彼の周りには、彼を利用して、儲けてやろう考える人間が集まってくる。そうした人間を排除しなければならず、心休まる側近ばかり集めることになる。

するとどうしても情報が偏《かたよ》り、世間とずれてしまう。そのため頓珍漢な政策を乱発して、退陣に追い込まれることになる。

「トップは、孤独になるがゆえに側近を周りに集め、そして偏った情報と称賛に包まれ、滅びの道をひた走ることになる」

これは側近政治を批判していたジャーナリストから聞いたことだ。

この傾向は少人数のグループのリーダーにもあてはまる。

たとえ少人数でもリーダーであれば、異論を口にしてくれる人を周りに置くべきである。そして過ちを犯さないためには、彼の意見に耳を傾けるべきである。

新しいことは「辺境」から始まるとよく言われる。

メインストリートは既存の価値観に縛られているため新しいことに挑むリスクを取ることができない。その点、「辺境」は既存の価値観に縛られることがないから新しいことを始められる。

もし少人数のグループのリーダーを命じられたら、異論、異端の部下ばかり集めて、会社内に新しい風、革命の風を吹かせるのも面白いだろう。追従者、阿諛する者を自分の周りから排除しよう。

第4章

部下の能力を高める

上司に遠慮するな。真剣に仕事をするなら機《き》を逃してはならない。

ふたたび「任賢第三」から

「此《こ》れ兵機《ひょうき》なり。時、失《うしな》ふ可《べ》からず」


太宗は、モンゴル高原の突厥《とっけつ》の侵略に悩んでいた。

副将軍李靖《りせい》は、突厥を抑え込むように太宗に命じられた。

いったん退却した突厥を攻めるのか、和睦するのか、議論が分かれる。

もう一人の副将軍は、突厥は降伏を受け入れているのだから、攻撃すべきではないと言う。

しかし李靖は、今こそ、攻め込むべきだと主張し、軍を率いて攻め込んだ。不意打ちを食らった突厥はたちまち降伏した。太宗は、父祖以来の雪辱《せつじょく》を果たしたと大喜びとなった。

突厥の油断を突くなんてちょっとずるい気がするが、勝機を逃さない点は学ぶべきである。

以前、インド取材で韓国の電機メーカーのＬＧを取材したことがある。

インドの家電マーケットは、サムスンやＬＧなど、韓国メーカーの勢力下にあり、日本の電機メーカーの旗色は悪く、存在感はまったくと言っていいほどなかった。

その理由を、ＬＧのインドの営業責任者に聞いた。

すると、彼は、電話をかける真似をしたのだ。

「日本のメーカーは、こればっかりだから商機を失っているんだ」

彼は言った。

理由を尋ねると、インドは農業国で、収穫の後、現金を得た農家の人たちが、お金を使うらしい。

日本の秋祭りみたいなものかもしれない。農作物を販売して、懐《ふところ》が温かくなった農家に韓国の電機メーカーは、この時がチャンスとばかりに販売攻勢をかける。値段を安くしたり、キャンペーンを打ったり、ありとあらゆる手段を講じて、売り上げを伸ばす。

ＬＧのインドの責任者は二十年ほどインドに駐在しているため、インドの人々の購買意欲を刺激する方法は、十分に熟知しているのだ。

その時、日本の電機メーカーはどうするか。本部に電話して、特売などのセールスについて相談する。

インドからＬＧと競争するために家電製品の価格を少し割り引きたいという相談だ。ＬＧインドの責任者が、電話をかける真似をしたのは、日本の電機メーカー社員が、本部と相談している姿だったのだ。

ところが本部からはなかなかゴーサインが来ない。本部では、課長会、部長会、役員会とインドからの提案をどうするかの協議が繰り返されている。ようやく結論が出た時には、秋祭りは終わっている。祭りの後の虚《むな》しさだけが残り、売り時を失った日本の電機メーカーは、ＬＧやサムスンに負けた言い訳を考えることになる。

勝機と商機の違いはあるものの、同じことだ。戦うべき時に戦わなかったら、負けは見えている。

１９９７年だから、もう26年も前になるのだが、私が勤務していた第一勧業銀行（現みずほ銀行）で総会屋に対する利益供与事件が起きた。東京地検特捜部の強制捜査を受け、役員や元役員らが11人も逮捕され、頭取経験者が１人自殺するという未曽有の大事件だった。

事件の詳細は省くが、私はその後始末を担った。

総会屋、暴力団など反社会的勢力に融資や物品購入、雑誌・新聞購入など数々の便宜、利益供与を行っていたのを、すべて解消にしなければならなくなったのだ。

そうしなければ新たな逮捕者を出してしまう可能性があった。

私は、10人の仲間を募った。こういう言い方をすると失礼に当たるが、全員、けっしてエリートではない。現場の叩き上げだった。人事部に勤務していた私は、危機に強そうな人を選んだ。

彼らは期待に応えてくれた。戦う時を知っていたのだ。

腐りきった銀行から膿《うみ》を出し尽くし、奇麗な銀行にするのが、自分たちの使命だと自覚してくれたのだ。

仲間の一人は、私に「私たちは死んだっていい。立派な誇れる銀行にしましょう」と言ってくれた。

総会屋、右翼、暴力団などには人生において決して会いたくない。関係は持ちたくない。そんな者たちから不良化した貸出金を回収し、彼らが発行する雑誌や新聞の購入、協賛金などもすべて止めた。

月夜の夜ばかりではないぞ、こんなことをしてお前らどうなるかわかっているのかなど、脅迫は日常茶飯事だった。

記憶しているだけでも10人以上、私たちなどに対する脅迫などで、警察に逮捕された。李靖と同じだ。今、戦わなければ、いつ戦うのだと、私たちは闇雲に突っ走ったのだ。

役員の中には、私たちが暴走しているように見ていた人もいた。彼らは、経営を担うエリートにもかかわらず怯《おび》えていたのだ。

「君たちが、やりすぎて、暴力団に女子行員が襲われたらどうするんだ」

ある役員が私に迫った。

「女子行員が襲われる？　あなたが怖いんでしょう」

私は役員に言った。

「なんだと！」

役員は怒った。

「では、この案件から、私たちは手を引きますから、あなたが自分で解決してください」

「そ、それは……。まあ、よろしく頼む」

役員は、渋い顔で、引き揚げていった。

警察の保護対象になり、家族にも窮屈で、辛い思いをさせたが、お陰で銀行から反社会的勢力を一掃することができた。

役割を終えた私は、フェイドアウトし、２００３年に銀行を退職したのだった。

李靖が戦うべき時に戦うという決断をしたのは、太宗に褒《ほ》めてもらおうとか、出世を当てにしての決断、行動ではない。

それは私や仲間も同じだ。誇りを汚された悔しさから必死に銀行を立て直そうとしていると、**「此れ兵機なり。時、失ふ可からず」**という瞬間が目の前に現れるのだ。

真剣に仕事をしていれば誰でも必ずそういう時がある。その時は、誰が何と言おうと立ち上がって、戦いに臨まねばならない。グループリーダーや課長という中間管理職の立場であっても、上司に遠慮してはならない。上司に忖度《そんたく》して、戦わない選択をしたら、一生、後悔するだろう。

自分に忠実な部下ばかりでは成果は望めない。

「択官《たくかん》第七」は、官吏任用についての議論だ。国を運営するのに優秀な官僚が必要なのだが、これが難しい。今、わが国でも官僚人気が低下している。ここでの議論が参考になるかもしれない。

「才《さい》を異代《いだい》に借《か》らずして、皆、士《し》を當時《とうじ》に取る」

太宗が部下に「お前いっこうに、人材を誰も連れてこないじゃないか」と不満を漏らした。

部下は、「私は怠けているわけじゃないんです。人材がいないんです」と言い訳をした。

すると、太宗は「明君と言われる人は、皆、その時代の才能のある人を連れてきたのであって、別の時代から借りてきたわけじゃない」と叱ったのだ。

太宗はいいこと言うじゃないか。部下は、赤面して退出したという。

多くの経営者は「わが社には人材がいない」と嘆く。それはいみじくも自分に才がないと言っていることだ。

最近、創業者でワンマンな社長が、外部から後継者をスカウトしてくるのだが、すぐに「ダメだ」と追い出してしまうことが話題になった。

一部からは老害と陰口を叩かれても、創業者にしてみれば自分を超えるような才能のある人材を期待するのだろうが、実際に、自分を超えるような才能があるとわかると、追い出すのだろう。

以前になるが、大手スーパーで鳴らしたダイエーの中内《なかうち》𡌛《いさお》氏も後継者となるべき人材をスカウトして社長に据えた。

その人物が、成果を上げ、業績を回復させると追い出してしまった。巷間では、息子以上の能力がある人材だと、息子に社長の座を禅譲できないからだと言われたものだ。

かくの如く人材というのは難しい。

アメリカ企業は、多国籍な人材がいる国なので、インド系やアフリカ系などの人材がトップに立っている例が多い。

しかし日本企業は、外部人材を使うのが苦手で、外国人がトップに立っている例は稀《まれ》だ。たまに欧米人がトップになる例があるが、アジア系人材がトップに立った例は、亀田製菓でＣＥＯに就任したインド出身のジュネジャ・ラジュ氏、シャープを再建した台湾人のＣＥＯ戴正呉《たいせいご》氏以外、あまり聞いたことがない。

アジアを主な取引先にするならアジア系人材がトップに立つようになって初めて日本企業も変わったと言えるのではないだろうか。

私が銀行人事部に勤務している時、興味深いことがあった。

人事部内で誰を昇格させるかの議論をしている時だ。

東京大学出身の人事部員は、調査部の東京大学出身者を昇格させようとした。昇格枠は、少ない。彼は、東京大学出身者とライバル関係にある明治大学出身者を「グリコだ」と言った。

その意味は、「脇が甘い」ということだ。グリコキャラメルは、一粒３００メートルというコピーで有名であり、そのためイラストはゴールインするために両手を高く上げるランナーだ。

あの姿が「脇が甘い」象徴なのである。脇の甘さは、ルーズな仕事と同義であり、銀行員として致命傷である。

私は、そんなことはないと明治大学出身者を擁護した。

というのは、調査部の東京大学出身者こそ脇が甘く、営業店では客とトラブル続きだったからだ。しかし東京大学だから、頭はいいだろうと調査部に異動させたのだ。

すると東京大学出身の人事部員は「潜在能力が違う」と言った。要するに東京大学出身者の方が頭がいいと言っているのだ。

私は早稲田大学出身である。だからではないが、「むかっ」と頭に来て「偏差値で昇格させるんですか？　それなら入行以来の試験の成績を調べてみましょう」と言った。そして二人の昇格対象者の試験結果を調べた。

圧倒的に明治大学出身者の方が上だった。彼の方が真面目に努力していたのだ。その結果、明治大学出身者が昇格した。

どの企業でも人材を探すのに苦労している。東京大学というだけで出世する企業もあれば、三田会と言われる慶應閥企業では慶應大学出身者が偉くなると聞く。

閥を作らないために、そうした大学関係の集まりをなくしたり、マルチ360度評価と言って、多くの人に昇格対象者を評価させたりする方法を採用している会社もある。

しかし、どれもこれも一長一短である。

満遍なく評価の高い人って、どうなの？　それって八方美人じゃないか。個性的な人を排除することになりやしないか。

中国の三国時代と言われる魏《ぎ》、蜀《しょく》、呉《ご》が覇権を競っていた時、蜀の劉備《りゅうび》は、諸葛孔明《しょかつこうめい》を「三顧《さんこ》の礼」を以《もっ》て自軍の軍師として採用した。

要するにトップが本気で人材を求めねばならないということなのだろう。太宗は、部下に、人材集めを任せてはいけないのかもしれない。

さて、集めるにあたってどんな人材がいいのだろうか。

グループリーダーとして、自分の言うことを聞く部下だけを集めたら業績は絶対に上がらない。

部下には、できるだけ多様な人材を集めるべきなのだ。多様な考え方が集まれば創造性の高い仕事を成し遂げられるだろう。

『ザ・パターン・シーカー』（サイモン・バロン＝コーエン著、篠田里佐訳、岡本卓・和田秀樹監訳、化学同人刊）という本によると、人類の発明の多くは自閉症的な人材によって成し遂げられたというのだ。発明王エジソンもEVのテスラの創業者イーロン・マスクもそういう傾向の強い人材なのだそうだ。彼らはコミュニケーション能力が低く、人間関係を上手く構築することができないが、世界の不思議を追究する能力が人並以上に優れているのだ。

欧米には、こうした特殊な能力を持った人を集めた会社があり、業績を上げていると紹介している。しかしまだまだこのように優れた能力を持ちながら、人間関係が上手くいかないだけで埋もれている人が多いという。

日本経済の低迷を脱するためには、忖度やお世辞、追従に長《た》けた人物ばかり重用するのではなく、人間関係には多少問題があっても、優れた能力を秘めた人材を活かすことが大事なのかもしれない。

グループリーダーになったら、自分に忠実な部下ばかり集めるのではなく、多様な能力を持った人を集めた梁山泊《りょうざんぱく》のような組織にするのが理想なのである。

人事評価は、能力と実績のみで行う。

「封建《ほうけん》第八」では、封建制（土地の支配を委ねることで主従関係を形成する制度）の是非が議論されている。太宗は、中央集権的な州県制を採用し、封建制は側近たちの意見を採り入れ、断念した。

「宜《よろ》しく賦《ふ》するに茅土《ぼうど》を以《もっ》てし、其の戸邑《こゆう》を疇《ひと》しくし、必ず才行《さいこう》ありて、器《うつわ》に随《したが》ひて方《まさ》に授《さず》くべし」

太宗は、親族などを封建したが、国は永く安定するのではないかと部下たちに相談した。

すると、部下たちはこぞって反対した。

国が衰えるのは封建諸侯が、建国の苦労を忘れて、皇帝に反逆するからである。世襲の封建制を採用しなければ、賢人を採用する道が広がり、民もそれに従うと言い、部下たちは、領地などを与えるのは、その才能によるべきだと主張した。太宗は、部下たちの意見を受け入れ、世襲の封建制は採用しなかった。

幹部の子どもの入社を許さない企業が多い。どうしても父親の威光で、子どもが出世してしまう可能性があるからだ。

ただし、父親はやはり自分の子どもがかわいい。そこでバーターすることがあるようだ。たとえばAという大手商社の役員の息子は、Bという大手商社に入社している。その逆もある。

またテレビ局の役員の息子は、大手広告代理店に入社しているケースがある。まったく縁故がない者には羨ましい限りだ。

私が知っているテレビ局は政治家や大企業の役員の子どもでいっぱいだ。これがすべてコネクションなしで入社したとは思えない。

このようなことは理不尽だと憤り、文句を言っても仕方がない。これが世の中だと思うしかない。

私が初めて銀行の本部へ転勤になった時、きわめて屈辱的な経験をした。

私の前任は、ある地方銀行の創業家一族だった。彼は、大手都市銀行に勤務し、その肩書を持って自分の一族が経営する銀行に戻り、末は頭取になるのだ（結局、その銀行は破綻してしまったが）。

私は、初めての本部勤務で緊張し、上司のアドバイスを待っていたが、部長も、副部長も私の相手などは一切せず、その辺に座っていてくれと言わんばかりの態度だった。

なぜなら前任者を銀行の幹部に紹介して回るのに忙しかったからだ。

部長は、私に「彼は、いずれＡ銀行に戻って、頭取になるからね。大事にしなくてはならない」と悪びれずに言った。

私のことなど、眼中になかったのだ。もし私が、大企業の社長の息子か、大物政治家の息子であったら、こんな態度はとらなかっただろうと思うと、屈辱で腹が立った。

太宗が、親族たちを封建諸侯として世襲的に優遇しようという提案をした際、部下たちが反対したのはよく理解できる。

彼らは実力がない者たちが、親の威光だけで威張ったり、優遇されたりするのに耐えられないのだ。

もし自分の課に、有力取引先の息子が部下として配属されてきたらどうしたらいいだろうか。

上司からは、「大事に扱えよ」と念を押されてしまった。

特別扱いするべきか、悩むだろうが、けっして特別扱いしてはならない。

もちろん、苛《いじ》めてはいけないが、普通に、平等に扱うのが一番である。

ろくでもない銀行員がいた。彼は、誰に聞かれてもいないのに、自分はかつての頭取の息子だと周囲に吹聴した。

いつの間《ま》にか周囲の人は、それを信じた。彼は仕事ができないのになぜか順調に昇格していた。そのことも、その噂が信じられた原因になっていた。

彼は、私の課長になった。それは酷い課長だった。仕事はルーズ、取引先とはトラブルを起こす、部下を苛める……。今、思い出しても最悪の人間だった。

彼はエリート風を吹かせまくっていた。元頭取の息子だと自慢していた。私に向かっても、「僕の近くに家を買いなさいよ。出世するから」とバカなことを言う始末だった。

私は、あまりに酷いので、彼は元頭取の息子ではないとの証拠を摑み、彼の化けの皮を剝《は》いでやった。それが契機となったのかどうかはわからないが、周囲の人は彼が課長を務められる実力はないとわかったのである。

今まで元頭取の息子だと思っていたから、周囲の人の目は曇っていたのだ。その曇りが晴れると、彼の無能ぶりがはっきりと見えるようになったのである。

やがて彼は転勤したのだが、その後も別の支店で、元頭取の息子だと吹聴していた。懲《こ》りない人だった。問題は、そうした嘘をまき散らし、それに影響される人たちが少なからずいるということだ。人事評価は、その人の才能と実績で行うべきなのは、今も昔も変わらない。

部下をどう活かすか？

それがグループリーダーの楽しみだ。


「太子諸王定分第九《たいししょおうていぶん》」では、身分や立場に相応であることとされ、ここでは親王が皇太子に代わって帝位を窺《うかが》うことがないようにすべきであるとの議論がなされる。

太宗には14人の息子がいたが、誰を後継者にするかが悩みの種だった。

後継者について臣下と議論しているのが、この章である。


「歳久《としひさ》しければ則《すなわ》ち分義《ぶんぎ》、情《じょう》深し。非意の覬覦《きゆ》、多く此《こ》れに由《よ》りて作る、其《そ》れ王府の官僚は、四考《しこう》に過《す》ぎしむ勿《なか》れ」（覬覦：身分不相応の望みを抱くこと）

太宗には14人の息子がいた。後継者になるのは誰か。長男の皇太子李《り》承乾《しょうけん》は、太宗が一生懸命に教育したにもかかわらず、わがままに育ち、素行が悪かった。

太宗は四男の李泰《りたい》に期待する。皇位継承に不安を抱いた承乾は、五男の李祐《りゆう》と共に謀反を起こし、結局、二人とも廃されてしまう。

太宗は、三男李恪《りかく》や四男李泰を後継者にしようとするが、臣下の長孫無忌《ちょうそんむき》らの反対で頓挫。二人とも優秀だったからだろうか。臣下としては、皇帝は多少無能な方がいいのか？

結局九男の李治《りち》が後を継ぎ、第三代高宗《こうそう》となる。だが、この李治は、暗弱で病気がちだった。そのため政治の実権は臣下の長孫無忌、そして皇后の則天武后《そくてんぶこう》に握られた。

こうしてみると、天下泰平の「貞観の治」を行い、名君と称えられた太宗でさえ、後継者には苦労している。

それを考えると、日本の大企業で後継者問題が話題になるのは当然のことなのだろう。

さて、後継者問題に悩む太宗は側近たちに、国家にとって現在、最も急務なのはなにかと聞いた。

側近たちは、人民の安定だ、異民族の支配だなどと勝手なことを言うのだが、ある者が、「後継者問題です」と答える。

太宗は、「その通り」と言い、「子どもたちに良い補佐役をつけて教育してほしい」と頼むのである。

そして「子どもたちに仕える官僚は、永く勤務させてはいけない。永く仕えさせると、情が移り、深くなり、思いがけない野望を抱き、問題が起きる。官僚の任期は4年とし、それを過ぎることがないように」と注意した。

太宗の5男李祐は、側近にそそのかされて謀反を起こし、失敗し、自殺に追い込まれた。

補佐役をつけていたのだが、ダメだったのだろう。

長く一緒にさせると、息子たちをそそのかして謀反を企てる輩《やから》がいるからだ。そんな経験から、太宗は、4年縛りを守れと言ったのだ。

これは正しい。銀行でも同じ支店に5年以上勤務させないようにしていた。客との癒着が懸念されるからだ。

一つの支店を任されたり、グループリーダーになったりした場合、部下を見て「使えないなぁ」と否定的な感想を抱く人がいる。

銀行の人事部に勤務している時、支店長がやってきて「私の支店でまともなのは３人だけだ。後はみんなダメだ。取り替えてくれ」と血相を変えて文句を言う。

私は、その苦情を聞きながら、「使えないのは、お前だろう」と思いながらも「彼には、こんないいところがあるじゃないですか。いいところを伸ばすのもお役目ですから」とかなんとか言って引き取ってもらっていた。

この支店長のような身勝手な要望を聞いていたら、交替させた行員をどこにもっていけばいいというのか。

人の才能を伸ばしてやるのも管理者の務めであるのは当然だ。私は、支店長になってから、前任者がダメだと言っていた行員を、業績を上げる行員に育て上げるのを楽しみにしていた。

さほど難しいことではない。

第一に、ダメだと烙印を押されている行員に目をかけてやることだ。注目してやることだ。

部下は、無視（シカト）されるのが一番辛い。これは苛めである。ところが、管理者は、ダメ社員と烙印を押すと、無視（シカト）する。これが最悪。もっとダメになる。

無視（シカト）しないで「おう、頑張っているか？」「この間、お客さんが、君のこと褒めていたぞ」と声掛けをするだけで生き生きとし始める。

そして一緒に客のところに帯同訪問するなどして、彼と何気ない会話をする。客との取引が、その帯同訪問でまとまれば、最高の教育になる。こうした小さくてもいいから成功体験を積み重ねる機会を増やしてやることで彼は見違えるように立派になる。

組織には4番バッターばかりはいらない。いろいろなタイプがいてこそ、面白いのだ。

もう一つ、人材を活性化させ、組織を活性化させる方法を紹介しよう。これは私が実践したことだが、会議を無くすことだ。あえて言うなら会議は、月の初めに1時間、それも組織の全員を集めて、楽しく、お茶やジュースを飲みながらやることだ。

難しい方針を難しい顔をして難しい言葉で伝えようとしても、絶対に伝わらない。

リラックスした雰囲気の中で、会社の現状、経営方針、目標を咀嚼《そしゃく》しリーダー自身の言葉で、わかりやすく伝えることだ、すると組織員全員の「心」に染み込む。「脳」より「心」に染み込むような方法を考え、実践すれば、組織は自ずと活性化するだろう。

さて、同じポストに長く勤務させることは、太宗も危険視していた。

たしかにこれは問題が多い。

先ほどは、ダメ行員を交替させろと文句を言ってくる支店長のことを例に挙げたが、逆に「彼がいなくては支店が回らない」「支店が潰れる」とか言ってくる支店長もいる。人事部が、「もうそろそろ交替の時期ですが」と人事異動を打診すると、「おいおい、待ってくれ。俺がいる間は、置いておいてくれ」と悲鳴を上げるのだ。

これはダメ管理者の典型だ。優秀な人材は、飼い殺しにせずにどんどん新天地に異動させ、さらに成長させてやるのが、まともな管理者である。

一人の人間を重用しすぎると、本人は、傲慢になるか、逆にやる気を失い倦《う》んでくる。評価を上げることに疲れてくるのである。

世間を騒がす巨額横領事件を見ても、たいてい同じ部署に長く勤務させた者が犯している。

反省の弁は、チェック機能が働かなかった、である。

中小企業では人材がいないので、同じ担当が、経理をずっと担っている場合がある。これはある一面、仕方がないかもしれないが、それでも交替させる方がいい。

人材は確保できているはずの地方公共団体など、役所で同じような横領事件が起きるのは、これは怠慢だろう。「あの人に任せておけばいい」と、あまり人がやりたがらない雑事を一人の人に押し付けるから、事件が起きるのだ。

一人の人に長く同じ業務をやらせると、他人が入り込めないように複雑にしてしまう。事務の秘儀みたいなものを作り上げ、他の人が関与出来なくしてしまう。それはなぜか？　その秘儀がある限り、リストラされないからだ。

いずれにしてもグループリーダーになったら、部下をどのように活かすか、それを楽しみに仕事をしたいものだ。

「俺についてこい」は、ありえない。

「尊敬師傅《そんけいしふ》第十」には、師傅と言われた天子、または皇太子の補導役の話が書かれている。いったいどんな補導役がいたのだろうか。

「夫《か》の彼《か》の干籥《かんやく》を崇《たっと》び、茲《こ》の謡頌《えうしょう》を聴くに匪《あら》ずんば、何を以《もっ》てか庶類《しょるい》を辨章《べんしょう》し、彝倫《いりん》を甄覈《けんかく》せん」

太宗は、９男の李治（後の高宗）を皇太子にしたのだ。補導役もつけず、自分の手元において教育していた。

側近がそれに対して、そんなことをしていたら皇太子の資質が磨かれないですよと諫言した。

世間の人と話したり、交流したりしなければ、太宗のように立派な皇帝になれませんと言うのだ。

この言葉は、「楽器や舞踏を人から学ばなければ、音楽や舞踏はできません。同じように人から教わらなければ、どうして物事を識別したり、人の道を理解できたりすることができるでしょうか」ということだ。

「干籥《かんやく》」は踊り手の持つ楯や笛。「庶類辨章《しょるいべんしょう》」は万物を弁別し、明らかにすること。「彝倫《いりん》甄覈《けんかく》」は人倫の道を区別し、明らかにすること。

太宗は、この諫言を受け入れ、李治に補導役を付けたのだが、高宗となった李治は、外戚の長孫無忌や皇后の則天武后に権力を握られてしまった。教育の成果は、あまりなかったと言えるのかもしれない。

そうは言うものの、人に教えを乞《こ》わなければ、成長しないのは事実である。

私は、小説家井伏鱒二《いぶせますじ》先生の自宅に押し掛けた時、その煙草の吸い方まで真似をした。初めて勤務した第一勧業銀行（現みずほ銀行）の支店長は尊敬できる人だった。私は、会議や打ち合わせで支店長が発言する言葉を、ノートに書きつけて覚えた。

この言葉にあるように楽器演奏、舞踏ばかりでなく、スポーツも人に習ってこそ、上達する。

これは反復練習することによって人間の脳とそれにつながる神経、筋肉にパターンを覚え込ませるのだろう。それによって再現性を高めることで、その上を目指すことができるのだろう。

「われ以外みなわが師」と言ったのは吉川英治《よしかわえいじ》だ。彼の著作『新書太閤記』において秀吉にも同じ言葉を言わせている。

不幸なのは、会社が景気の波によって採用を増やしたり、減らしたり一定しない場合だ。

そのため入社しても、会社に身近に、師とすべき先輩がいないことがある。

また現在は、コロナ禍でリモート勤務となり、モニター越しでしか会社の仲間と話をしない場合が増えている。

人と接しなくても指導はできる、指導も受けられると言うかもしれないが、やはり限界があるだろう。

尊敬する先輩の話し方、仕草の一つ一つが勉強なのだから、生身の人と接触しなければば、指導の成果は上がらない。

グループリーダーになって何人かの部下を持ったら、絶対に生身の自分を部下にぶつけることだ。それしか指導する道はない。

けっしてカウボーイ的に「俺についてこい」タイプになってはいけない。

吉川英治の「われ以外みなわが師」という言葉を深読みすると、自分は師ではないということだ。自分は師足りえないという謙遜でもあるのだ。

これはグループリーダーのみならず経営者にも言えることだが、自分が師であると思うことは傲慢なのである。自分も一介の学ぶ人であるとの謙遜が重要である。

吉川英治のような国民的大作家になっても、このような謙遜の姿勢を守っているのである。

だから部下を指導してやるのではない。部下と一緒に学ぶ、気づくのである。

一緒に客を訪問し、一緒に客と交渉し、客に叱られる。その生身の自分を部下に見せることで、部下は学び、成長する。そして成長する部下を見て、自分も成長する。こうした成長の好循環が組織に起きれば、なにかもが順調に回り出すだろう。

この言葉通り、人から教えられなければ、成長できないが、教える方も、相手から学ぶという姿勢が必要だ。そうでなければ教える方と学ぶ方が離反するに違いない。
高宗が明君にならなかったのは、それが原因かもしれない。

評価が公平なら、部下はきっとやる気を出す。

「公平《こうへい》第十六」は、天下や政道に関する公平さを言う。何事も公平に扱わなければならないということ。

「古人《こじん》云ふ、兵は猶《なお》火のごときなり。戢《おさ》めずんば将《まさ》に自《みずか》ら焚《や》かんとす」

太宗に密封した上奏文が届けられた。その中味は、かつての秦王府の武士を取り立ててほしいと言う内容だった。それに対して太宗は「兵士というのはきちんと治めないと自分の身を焼くという」と言い、その上奏文を受け入れなかった。

太宗は、「兵士を公平に遇さないと反乱を起こすと警戒し、自分勝手にできない。才能や業績を評価して登用する」と言うのだ。

この兵を、会社員と変えてみれば、この言葉が今日的な意味を持つのではないか。

現在の会社員は、ストを起こしたり、反乱を起こしたりすることはまずないが、人事で不満が溜まれば、働きは鈍ってしまう。ちゃんと公平に処遇することが何よりも重要である。

公平とはなにかということが問題である。

グループリーダーとして何人かの部下を持った時、彼らを公平に扱うことが重要になる。

若くて元気のいい部下、よく気が付く女子社員であれば、リーダーも楽しいが、自分より年上のやる気のない部下、気が利かない、不満ばかり洩らす年配女子社員では、リーダーの意気も消沈してしまう。公平に評価しようにも、好き嫌いが出てしまって評価できない。

これほど極端な部下ではなくても好き嫌いがあるのは仕方がない。リーダーも人間である。どうしても部下に好き嫌いが出てしまう。評価においても公平性を欠くことになりかねない。

私も、どうしても苛《いら》つく部下を持ったことがある。

彼のどこに苛つくのか自分でもわからない。困ったことだ。彼の態度や口調が、どうしようもなく感情を逆なでしてしまうのだ。

その結果、ついつい彼を怒ってしまう。くどくどと叱ってしまう。

そのうち、私は、自分が嫌になった。なぜ彼に対して苛つくのか。このような態度を取っていると、他の部下に悪い影響を与えてしまう。

私はどうしたか？　それは目を閉じることだった。彼を見て、イライラしそうになったら、目を閉じ、心を静かに整える。そしてイライラを抑え、彼に対処するのだ。

もう一つ、できるだけ彼に慣れるようにする。一緒に歩いて、会社を訪問することで、彼と可能な限り会話を交わしたのだ。

こうした努力で、彼に対するイライラを克服することができ、公平な評価ができるようになった。

最近は、３６０度評価といい、直属の上司だけが評価するのではなく関係のある人が皆で、対象者を評価する方法もある。

これも公平性を保つにはいい方法かもしれない。

しかしどんなに気をつかっても、人事は難しい。

誰でも自分のことは、二割増しで自己評価していると言われる。だからどんなに公平性を以て評価しても、不満が残るのだ。

リーダーになったら、人事評価後のフォローアップが重要である。

たとえば、昇格試験で落ちた部下がいたとする。彼に対して、慰めではなく、次の目標を与えねばならない。

そして人事部に対して彼を昇格させるロードマップを示して、人事部も一緒になって彼を育てるようにするのだ。

フォローアップと言っても、ただ残念だね、次に期待して頑張れだけでは、本人も頑張れない。ちゃんとした昇格へのロードマップが必要で、それを本人に示して一緒に歩むのだ。

これが本当の公平性だ。公平性が保てれば、兵士、すなわち担当者は、会社やリーダーを焼く火にはならない。逆に会社を引っ張る火となるだろう。

第5章　リーダーとしての心得

いつ、どんな時でもリーダーは「嘘でも笑顔」

ふたたび「政体第二」から

「性至察《しさつ》なれども心明《あきら》かならず。夫《そ》れ心暗ければ則《すなわ》ち照らすこと通《つう》ぜざる有り、至察なれば則ち多く物を疑ふ」

太宗は側近に、隋を建国した文帝《ぶんてい》はどんな人物だったのかと問いかけた。側近は、文帝を高く評価した。しかし、隋を反面教師にしている太宗は、文帝は、そんな奴じゃないと否定したのだ。

文帝は、細かいところまで気に掛けるが、心が明るくない。心が暗かったら照らそうとしても通じない。性質が細かければ、物事を疑うことも多い。要するに、部下を信用しない人物だと言う。

部下を信用しない皇帝だと、部下は面従腹背になる。太宗は、自分は、文帝と違って、部下を信用しているから、自分に間違いがあったら、どんどん正してほしいというのだ。なんという優れた皇帝なのだろうか。

太宗の立派さはさておき、世のリーダーには文帝のような人物が多い。細かくて、暗くて、疑い深い。こういう人物でなければ、派閥争いの激しい組織では生き残れないのだろう。

ある銀行のトップは、誰よりも早朝に銀行にやってきた。怪しんだ警備員が「あなたは誰だ？」と詰問すると「頭取だ」と言ったのだが、警備員は信用せず、不審者として捕まえたという笑えない話を、聞いたことがある。

彼は、見かけも暗く、笑わず、部下を疑っているとの評判がある人間だった。だから早朝に出勤して、部下の前日までの仕事をチェックしないと、心が休まらなかったのだ。

ある時、数回にわたって彼に関する悪い記事が雑誌に掲載された。憤慨した彼は、側近をにわかに、ＫＧＢのような秘密警察に仕立て上げ、銀行内で彼に反感を持つ人間を調べようとした。

このような**「性至察なれども心明かならず」**の人物が経営する銀行だから、不祥事が繰り返された。

リーダーは「楽天的」であるに限る。「楽観的」ではない。

昭和40年代から50年代にかけて経営不振に陥った会社を次々と立て直し、「再建の神様」と言われた早川種三《はやかわたねぞう》は、リーダーは楽天的であるべきだと言い、**「地球はちゃんと回っている」**が口癖だった。(『再建の神様』江上剛著、ＰＨＰ研究所刊)

自称ロード・リラックス（リラックス卿）の早川は、どんな困難にも前向きで明るいリーダーだった。

彼の再建の最大の特徴は、従業員の働く意欲をどうしたら呼び起こすことが出来るかということである。

「崩壊は内部から始まる」と、種三は言う。

要するに会社というのは、不景気などの外的要因で悪くなるのではなく、社長たちリーダーの不品行など内部から腐ってくるのだ。

種三は、会社再建の原動力は従業員であり、組織の活性化は従業員の活性化にある、との考えなのである。
「働く環境を整備すること。会社は仕事をする場所である。やる気のカギは生活保障である。理屈よりもまず職場の環境。障害物を取り除けばみんな働く。日本人は働くのが好きだ。再建に決め手があるわけではない。従業員が働く喜びを得られる環境を整えろ」と、種三は言う。

こんなに従業員のことを考えてくれるリーダーの下なら、汗をかこうと思うのが人情である。だから会社の経営が軌道に乗り、再建されるのだ。

会社の中には、いろいろな組織がある。そこには必ずリーダーがいるのだが、笑いが絶えない、明るく、元気な組織の方が成績はいいはずである。成績が良ければ、さらに明るくなって、さらに成績が上がるという好循環となる。

一方で、リーダーの性質が暗く、陰気で、疑い深いと、成績は振るわない。そうなると、リーダーはさらに暗くなる。するともっと成績は不振に陥るだろう。悪い循環はとどまるところを知らなくなる。

私からの提案は、**「嘘でも笑顔」**だ。

課やグループを率いていると、いろいろなプレシャーに圧し潰されそうになるだろう。明るく振る舞いたいのは、やまやまなのだが、そんな気分ではないということがある。そのような日、出勤前にすべきことは、鏡を見ることだ。

鏡を見て、今日、部下に言うことを口に出してみる。すると、自分がどんな表情で、部下に話しているかがわかるだろう。

――ああ、なんて暗い顔で話をしているのだろうか。

そう思ったら、笑顔を作ってみるのだ。気持ちは暗くてもいい。しかし表情は明るく、である。これが「嘘でも笑顔」である。

私たちホモ・サピエンスが、他の人類、たとえばネアンデルタール人などに代わって、この地球の支配者になれたのは、人を欺《あざむ》く能力があったからだと言う研究者がいる。私たちは「嘘」をつくことで他者を欺く。さらに言えば、自分自身さえ欺くのである。だから「嘘でも笑顔」になっていると、悩んでいることが払拭《ふっしょく》され、本当の笑顔になってくるのだ。

リーダーは、笑顔。これが一番である。

誘惑は必ずある。小さな傷が大事故に発展する。

ふたたび「択官第七」から

「誤りて悪人を用ひば、縦《も》し強幹《きょうかん》ならしめば、患《かん》を為《な》すこと極《きわ》めて多からん」

太宗が、諫議大夫の魏徴に、人を任用したり、採用したりするのは難しいと言った。魏徴は、それに対して人の評価は難しいと言い、善人だが能力のなかった人より、悪人を採用して能力があった場合、被害が甚大になるとして、太平の世の中では、才能と人格を兼ね備えた人を採用すべきだと答えた。

魏徴も当たり前のことを上奏するものだ。才能と人格を兼ね備えた人がいないから苦労するのだ。

才能があっても人格に問題のある人がいるし、人格があっても才能がない人もいる。もっと多いのが、才能も人格もない者だ。会社で偉くなるのは、才能も人格もない者だと言えば、言い過ぎだろうか。

銀行で役員になった人の中には、ゴマすりだけで出世した人がいた。彼は、朝令暮改は世の常と嘯《うそぶ》き、トップにちょっと何かを言われるとすぐに方針を変えるので、部下はたまったもんじゃなかった。これでは実績は上がらないのは当たり前なのだが、彼は出世するから不思議だった。

銀行では不正が多く発生する。架空融資や印紙代のごまかし、顧客資金の着服など……。

その中で記憶のあるものの一つが魏徴の言う「悪人で才能のある者」が引き起こした不正である。

ある支店に支店長に評価されている行員がいた。

しかし彼の派手な生活ぶりから不正が発覚した。

彼は、豊富な財務経理知識を駆使して、架空の決算書を作り、架空の会社を立ち上げ、銀行から手形を発行させ、それを割引きしたり、自らに融資をしたりして、その金を着服していたのだ。

着服した金額は多額に及んだ。当然、解雇されたが、彼はその後も外資系銀行などに潜り込み、詐欺的な手法で金を集めたという。

もっと巨額だったのは、バブル期にあった事件だ。

某大手銀行の事件だが、顧客の定期預金を偽造し、それを担保にして貸し出す手法で総額７０００億円もの不正融資を行った事件があった。

彼も成績を上げるナンバーワン営業マンだった。これをモデルにした私の小説『腐敗連鎖（上下）』（角川文庫）がある。古い小説だが、才能の有る悪人を雇った時には大事件になるということがわかるだろう。

バブル期には多くの悪人が跳梁《ちょうりょう》跋扈《ばっこ》した。預金証書を偽造して、それを担保に融資を実行し、巨額の金銭を着服する事件などが起きた。

また株式市場が過熱気味に活況を呈するのを見て、ひと儲けしてやろうと考え、取引先の金を横領したり、不正融資を行ったりして得た資金で株を買った者もいた。

銀行ばかりではない。公務員も接待に明け暮れていた。ＭＯＦ《モフ》担《たん》という大蔵省から情報を取るのが仕事のエリート行員がいた。

彼らはエリートであることをいいことに大蔵省官僚たちと、ゴルフや遊興三昧にふけっていた。

「ふぐは薄造りより厚い方が美味《うま》い」と言ってみたり、ゴルフでシングルになったり、銀座でホステスに店まで持たす強者《つわもの》がいた。

すべて会社の金である。彼らは、会社に巣食う毒虫なのだが、エリートとして出世していった。

結果としてバブルが崩壊した後は、彼らが巣食った会社は経営悪化に苦しみ、最悪は破綻した。


中堅幹部となった時、どんな会社でも誘惑が必ずある。取引を有利に進めたい者や新製品の情報を知りたいなど、近づいて来る者の動機はいろいろだ。実質的な権限や情報を持っているのは、実は中堅幹部だからだ。

絶対にしてはいけないのは、ゴルフ好きだとか、酒好きだとか、自分の好みを相手に伝えることだ。その瞬間からゴルフの誘いや酒の誘いが増えることになる。

最近は、コンプライアンスに厳しいので、そうした誘いを断らねばならないが、ふとした拍子に会社に内緒で接待を受けてしまった、としようか。

その時から地獄が待っている。コンプライアンスに違反したことを秘密にしなければならなくなる。すると、ずるずると相手の術中に陥り、不正が大きくなっていく。

魏徴が言う通り、才能のある者は、会社の重要な部門を任されているから、不正をした場合、巨額になってしまうのだ。

部下を使う場合、彼が、あるいは彼女が優秀だからといって何年も使い続けてはいけない。気づいた時には手遅れだ。会社を蝕《むしば》み、巨額資金を横領していることがある。

事件が発覚した際に、上司が洩らす言葉は決まって「まさか」である。そして上司も不正した部下に連座し、「まさか」の坂を転げ落ちることになる。

「人臣《じんしん》の行《おこない》に、六正《りくせい》有り、六邪《りくじゃ》有り」

魏徴が太宗に上奏して、国を治めるには君主が臣下をよく知らねばならないと言い、彼らに六つの正を勧めて、六つの邪を諫めることが肝要だと提言する。

六正とは、聖臣、良臣、忠臣、智臣、貞臣、直臣。

六邪とは、具臣、諛《ゆ》臣、奸臣、讒《ざん》臣、賊臣、亡臣。

そして**「賢臣は六正の道に處《よ》り、六邪の術《じゅつ》を行わず」**と言うのだ。

聖臣とは、危機の端緒を見つけ、未然に対処する者、良臣とは謙虚に仕える者、忠臣とは真面目に働く者、智臣とは早めに禍《わざわい》を福と転ずることができる者、貞臣とは、法令順守する者、直臣とは過《あやま》ちを指摘する者。

具臣とは、地位に安住する者、諛臣とは、媚《こ》びる者、奸臣とは、外見は小心だが、裏では企《たくら》みをする者、讒臣は、弁舌巧《たく》みでもめごとを誘発する者、賊臣とは、自分の富のために居座る者、亡臣とは、君主を悪の道に引き入れる者。

これだけ並べれば、だれでもどれかに当てはまるだろう。

賢臣は、六邪の術は行わないというが、それはトップにとって都合のいい部下だからだ。

たとえば、第一の聖臣は、トップが陥る危機の端緒を見つけ、未然に対処するような部下だ。

私は、広報部に勤務していたが、この部署は情報発信ばかりではなくトップや会社の危機を未然に防ぐのも重要な仕事である。

そのため危機の端緒を見つけ、その芽を未然に摘み、何事もなかったようにしなければいけない。

トップに余計な心配事をさせてはいけないからだ。

危機の情報を入手するためにマスコミや時にはアンダーグラウンドに住む者とも付き合わねばならない。

そして何も起きない、何も起こさないことが最高の仕事をしたことになる。

この場合、トップがそのことを十分に理解してくれていないと、「何もしていないじゃないか」ということになる。

聖臣どころか、予算ばかり食う、ろくでもない部下という評価になりかねない。

良臣なども同じだ。真面目にトップに仕え、トップの心労を少なくするような人材が活躍できるのは、評価してくれるトップ次第である。

ましてや直臣のように上司に諫言するような社員は、よほど度量の大きい上司でなければ、うるさい奴と干されてしまうだろう。

その点、六邪の具臣以下、亡臣までは、トップに媚《こび》を売り、自分の成果を誇り、地位に恋々とし、私財をため込み、退職後の準備までちゃんとしている。

サラリーマンとして、あるいはサラリーマン役員としてずる賢いが、案外、評価されてしまうのだ。

問題だと思うが、世の中、そんなものだと思った方がいい。

太宗の時代も、ろくでもない部下ばかりだったから、こういう自戒めいた六正だの、六邪だのということが言われたのだろう。


では中堅の管理職としてはどうすればいいのか。

やはり六邪の術は行わない方がいい。なぜなら会社では部下の視線を気にすることが大切だからだ。

上ばかり見ている管理者の姿は部下からどのように見えているだろうか。それは六邪そのものである。


中堅の機械メーカーのある課長は、部下にものすごく厳しかった。パワハラと言ってもよかった。

しかし上には媚び諂《へつら》っていた。上司には、いつもへらへらと揉み手、擦り手でぺこぺことしていた。

ところが部下の前で、先ほどまでペコペコしていた上司の悪口を言うのだ。

たとえば、「あの役員は奥さんが名家の出なんだよ。だからあんなに無能でも常務になっているんだ。やってられねぇな」とか。

そんな課長から部下たちは徐々に離反し始めていた。

ある時、課員の妻が体調を崩したのである。心配になった課員は、同僚に相談した。

同僚は、「早く帰れ。奥さんを病院に連れていけ」とアドバイスした。

彼は、「わかった」と言い、課長の下に行き、「妻が体調を崩していまして早退したいのですが」と言った。

すると課長は、表情を歪《ゆが》め、首を傾げ、「お前さぁ、仕事、舐めてんのか？　あの案件、まだ済んでいないだろう」と言ったのだ。

彼は、「あれは……」と言い訳しそうになった。

「バカ野郎！　とっとと仕事を片付けろ」

課長は怒鳴った。

彼は、課長を殴ろうかと拳を固めたが、我慢して席に戻ろうと後ろを振りかえった。

その時、彼の背後には、同僚たちがずらりと並んで立っていた。そして課長に向かって「今から、彼を帰宅させます。私たちも一緒に帰ります」と言ったのである。

「お前ら、何を言っているんだ」

課長は慌てた。

「私たちは、課長の交代を社長に要求します。あなたの下では働けません」

彼らは言った。

課長は、しばらくして別の人に交代した。

この話は、その会社に勤務する若手社員から聞いたのだ。

上に諂い、下に厳しいこの課長のようなタイプは多くいる。彼らは六邪そのものである。部下を持ったら、まず部下を大切にすることを優先するべきである。

上が腐れば会社はダメになる。

「誠信《せいしん》第十七」で強調されているのは、嘘偽りないことである。政道においては言葉と行動が一致している必要があるのだろう。

「流水《りゅうすい》の清濁《せいだく》は、其《そ》の源《みなもと》に在《あ》るなり」

ある人物が太宗に佞臣を排除するべきだと上奏した。
太宗は、お前には誰が佞臣かわかるのかと尋ねた。
すると彼は、怒った振りをすればいい、もしその怒りを恐れず諫言する者がいたらそれは正しい臣下で、怒りを恐れて阿《おもね》る者は佞臣だと言う。
太宗は、側近に「私に偽りの態度をさせて、臣下を試すようにと上奏してきたが、いつも臣下に正直であれと言っているのに、私自身が偽りを行うのは水源が濁っているのに水の流れが清らかであってほしいというようなものだ。堪えがたい」と言い、この上奏を採用しなかった。

「鯛は頭から腐る」という諺があるが、その通りで上が嘘つきなら、下はもっと嘘つきになるのは当然だ。

銀行に勤務している時、不良債権になった取引先の人間が私の部署にやってきた。

私の部署は、銀行内へのコンプライアンスの徹底を担っていたからだ。

彼は、私の目の前に伝票の束をどっさりと置いた。

「これはお宅の支店長や役員が、ワシの会社からタダ酒、タダゴルフをした伝票だ。中には、家族ぐるみでたかった奴もいる。これをマスコミに公表したい」

彼は怒ったような顔で言った。

彼の要求は、マスコミに公表されたくなかったら、貸出金の返済を猶予しろというものだ。

私は、その伝票を見た。役員や支店長の名前がずらりとあった。

彼らは、なんの節操もなく、接待に溺れていたのだ。商品券の領収書もあったから、それらを受け取ってもいたのだろう。

「どうですか」

彼は、私を睨みつけた。

私は、伝票の束を彼に押し返した。彼は、眉根《まゆね》を寄せた。どうしたのだという顔をした。

「どうぞマスコミに公表するならしてください」

「本当にいいのか。事件になるぞ」

「けっこうです。悪い行員、悪い役員を処分できますから、好都合です」

私の発言に、彼は心底から驚いた顔で、「信じられない」と呟いた。

私は、取引先と癒着し、接待三昧に明け暮れたような役員や行員を許せなかった。だから彼が伝票をマスコミに公表して記事にしてもかまわないと思った。記事にならなくても彼らを調査して処分する気でいた。

彼は、伝票を摑み、何も言わずに帰って行った。記事にはならなかった。

バブル期は、本当に上が腐り、下まで腐っていた。銀行員のプライドが失われた時代だった。

ある大手自動車メーカーは役員も新幹線のグリーン車に乗らないという。だから末端まで節約が行き届いているらしい。シャープを再建した台湾鴻海《ホンハイ》出身の戴正呉氏は、再建中の会社のＣＥＯであるからと、報酬ゼロ、交際費ゼロを黒字達成まで貫き通した。新幹線も普通車を利用したという（『シャープ再生への道』戴正呉著、日本経済新聞出版刊）。こんなトップだから再建できたのだ。

東芝の経営悪化に向かう小説を書いたことがある。『病巣――巨大電機産業が消滅する日』（朝日文庫）である。その中で、トップが、幹部たちに「チャレンジ」を絶叫する場面がある。

目標未達を叱咤するつもりだったのだろうが、叱咤された幹部たちは不正経理を行い、数字のつじつまを合わせていた。

トップが知らなかったはずはないと思うが、上が腐れば会社はダメになる典型である。

太宗が、「清濁は源に在るなり」ということを、経営者のみならずリーダーという立場の人は、皆、自戒すべきである。

「恕」の心があれば、相手が嫌がることはしない。

「倹約《けんやく》第十八」は、為政者はつつましやかであるべきだと言う。太宗は、君主になったら、傲慢、贅沢などが国を亡ぼすと思い、自らを厳しく節制していたようだ。
はたしてそれが皇太子や臣下にも徹底されたのだろうか。

「己《おのれ》の欲《ほっ》せざる所は、人に施《ほどこ》す勿《なか》れ」

この言葉は、『論語』の「衛霊《えいれい》公第十五」に登場する。
論語の中で最も有名な言葉の一つだ。
孔子は、弟子の子貢《しこう》から、たった一文字で、一生、実行していく価値のある言葉は何かと尋ねられた。

孔子は、「恕《じょ》」であると答え、**「己の欲せざる所は、人に施す勿れ」**と答えたのだ。

自分がしてほしくないことを相手にしてはいけないという意味だ。

太宗は、この言葉をどのような場面で使ったのか。

太宗は、帝王というのは、宮殿を飾りたてたり、遊び惚けたりしたがるが、それは人民が望むことではない、なんでも思い通りになるからといって、人民が望まないことをしてはいけないという意味で、孔子のこの言葉を引用して側近に諭したのだ。

それに対して側近は、「欲を以て人に従ふ者は昌《さか》え、人を以て己を楽ましむる者は亡ぶ（人の欲するところに従う者は栄え、自分の楽しみのために人を使う者は滅ぶ）と答えた。

実は、この孔子の言葉は、あまりにも平易であるため、その深さが私には十分にわからない。

孔子は「恕」、すなわち「おもいやり」が一生大事に守るべき言葉だ、それが即ち、**「己の欲せざる所は、人に施す勿れ」**なのである、一生をかけて貫くべき言葉なのであると言ったのだが、ということはいかに「恕」が難しいかということだろう。

私自身、人の嫌がることを一切しなかったかというと、自信はない。

相手が嫌がることをするなと言われても、グループリーダーになって部下を持った場合、「恕」の心で部下に対応しているだろうか。自分の心に問いかけてもらいたい。

もし誰もが「恕」の心を持っていれば、いろいろなハラスメントは起きない。

しかし一方で、部下の嫌がることはしないようにと遠慮して、結局、部下を指導できない人がいるのも事実だ。

何を言ってもパワハラ、セクハラと言われたら、部下の指導などできるわけがないと言う人は多いだろう。

ではどうすればいいのだろうか。

よくハラスメントは人によると言われる。どういうことかと言えば、Ａさんが指導すればハラスメントではないが、Ｂさんが指導するとハラスメントになると言うのだ。

同じように部下を指導しても片や感謝され、片やハラスメントで抗議を受ける。こんな理不尽なことはないだろう。

それは上司に「恕」の心があるかどうかだろう。部下を育てたい、一人前にしてやりたい、さらに言えば、部下によって自分自身が高められているという感謝の思いがあるかどうか、それが部下に伝わるかどうか、の違いではないだろうか。

ある銀行の支店長は、とても面倒見のいい人だった。彼は、料理自慢だった。そこで毎月、第一月曜日は支店長が料理を作り行員に振る舞う日になっていた。月初めの会議の後、支店の行員全員で、支店長の手料理を食べ、今月も頑張ろうということにしていたのだ。

支店長は、良かれと思って、それをやっていた。独身男性は、美味《うま》い、美味いと食べてくれるし、女子行員は、この料理はどうやって作るのですかと聞いてくる。

ＮＨＫの「サラメシ」に出したいくらいだ。

しかし副支店長は気が気ではなかった。というのは食中毒でもおこしたら大問題になるからである。

副支店長は「食事の提供はお止めくださいませんか」と支店長に言った。

ところが支店長は、言うことを聞かない。「みんな喜んでいるじゃないか」と反論した。

だが、意外なことにハラスメントで訴えられてしまった。

支店長は、驚いた。誰もが皆、喜んでいると思い込んでいたからだ。

ところが行員たちは、料理を作るために勤務中に買い出しに行かされたり、食事が終わった後もカラオケなどに付き合わされたりすることに負担を感じていたのである。要するに、毎月、支店長の料理を食べさせられることが苦痛になっていたのだ。

それが支店長にはわからなかったのだ。支店長はハラスメントで処分され、別の部署に転勤（実質左遷）する際、「みんな、喜んでいると思い込んでいたのですが、それが間違いでした」と反省の弁を口にしていた。

私たちは、余程、注意しなければ自分は楽しいが、人は楽しくないことを、ついやってしまうのだ。リーダーになったら、この事を絶えず気をつけていないといけない。

チーム力を引き出すのは、忖度ではない本当の謙虚さ。

「謙譲《けんじょう》第十九」には、謙譲の美徳が説かれている。太宗は、とにかく謙虚であるべきだと思い、慢心を諫《いさ》めている。

「人の謙光《けんこう》ならんことを欲し、己《おのれ》、能《のう》有りと雖《いえど》も、自ら矜大《きょうだい》にせず」

太宗は、側近に、次の『論語』の内容について聞いた。

「曽子《そうし》曰《いわ》く、能を以て不能に問ひ、多きを以て寡《か》なきに問ひ、有れども無きが若《ごと》く、実《み》つれども虚《むな》しきが若く、犯せども校《むく》いず。むかし、吾が友、嘗《かつ》て事に斯《ここ》に従うへり」（己は才能がありながら、まだ足りないと思って才能のない人に問うてこれを補おうとし、己は見聞が多いのに、まだ足りないと思って見聞の少ない人に問うてこれを補おうとし、道理で悟っていながら、何も知らない者のように思い、徳が充実していながら、空虚であるように思い、他人から道に外れたことをされても、彼我《ひが》の曲直《きょくちょく》を比べてこれを争うようなことはない。このようなことは外物と我との差別を忘れてその徳が広大な人でなければできないことであるが、むかしわが友にこのような事を勉め行った人があった――『論語』泰伯第八）（『論語新釈』講談社学術文庫・宇野哲人著）

側近は、この言葉は謙虚さによってその人がさらに耀くように願ったからで、能力があるのに、それを自ら威張ったりせず、多くの人から、いろいろと学ぶべきだと答えた。謙虚に学ぶ姿勢のある人は、まるで無能のように見えるのだが、皇帝の仁徳もかくあるべしということのようだ。

太宗は、側近の答えに満足し、「労謙《ろうけん》す、君子、終有り、吉、と」（功労がありながら謙虚な君子は、最後には吉となる）と言った。

『論語』の一節をまるまる引用したが、これは曽子が、孔子の弟子顔淵《がんえん》（顔回《がんかい》）を偲んでのことだと言われる。

顔淵は、孔子が最も期待した弟子の一人で、亡くなった時、孔子は「顔淵死す。子曰はく、噫《ああ》、天予を喪ぼす。天予を喪ぼす」（前掲書）と大いに嘆いたという。それほどの人物だったのだが、顔淵はまるで無能の人のように謙虚に振る舞ったのだ。

太宗は、自己規制の強固な人だったのだろう。とにかく『貞観政要』は一貫して、傲慢、慢心を諫める内容である。


これは正しい。どんな会社も人物も、慢心すれば滅びの道が待っている。謙虚であるべきだ。日本経済の長年の低迷も、エズラ・ヴォーゲルに「ジャパン・アズ・ナンバーワン」と言われておだてられたからでもある。

しかし、彼は、あの本の中で、やがて日本もアメリカのように傲慢、慢心に陥って、反省することになるだろうとも言っていた。彼の予言が適中し、バブル崩壊とそれ以降の失われた三十年という長期低迷期間を招くことになったのは残念至極である。

入社の時も「貴社に入社できれば、私は、大きな貢献ができます」と言わねばならない。

また最近は、社内ポストが立候補で決まるところがある。そんなところでは「私が最適です」と名乗りを上げないと、他人に良いポストを取られてしまう。

人事評価で自己評価を記入する箇所があるが、無能であるとか、謙虚さ満杯なことを書く人はいない。だいたい自己評価は甘いのが相場である。謙虚さはない。

現代は、人を押しのけても前に出る厚かましさがないと、生きていられない時代なのだ。

太宗の時代は、「択官第七」にあるが、人を知るのも難しいのに自分を知るのはもっと難しいと言い、官僚を自薦で採用したら、自らの才能を自慢する者ばかり集まってくるから「自ら挙げしむ可《べ》からず」と自薦を戒めているほどだ。

この時代は、謙虚な人がもてはやされたのだろう。

しかし現在でも、出世第一で、自分の有能さをやたらと売り込むような人は嫌われるのではないだろうか。

今日的なリーダーは、有能さを前面に出す人よりも、「耳」のある人がいいと言われる。「耳」とは部下の意見を聞くことができる人だ。

少し前までは、カウボーイ的というか、「俺についてこい」的な親分肌がもてはやされた。

しかしチーム力や、多様な才能を活かす時代には、こうしたタイプのリーダーはふさわしくない。

謙虚に、部下の意見に耳を傾けること、たとえそれが頓珍漢《とんちんかん》な意見でもである。そうした多様な意見を聞き、合意形成をして、目的に向かってチームを引っ張る人が、現在のリーダー像であると言われる。

岸田首相が「聞く力」と言ったのは、まさに現在のリーダー像を体現しているのかもしれない（支持率は今一つだが）。

謙虚さは必要だが、それが上司に対する忖度での謙虚さを、太宗は求めていない。何せ諫言を奨励しているのだから。上司やトップへ忖度するような謙虚さは、取締役会のスリーピング化（睡眠状態）を招き、重大なミスを引き起こしかねない。

異論を口に出せる社内文化を作ろう。

「慎所好《しんしょこう》第二十二」の表題は、好むものにのめりこまないように慎むという意味である。

太宗が政治以外の宗教や神仙などにのめり込まないようにと教えている。

「古人云ふ、君は猶《な》ほ器《うつわ》のごときなり。人は猶ほ水のごときなり。方圓《ほうえん》は器に在《あ》り、水に在らず」

この言葉は太宗が側近に言ったものである。

君主は器で人民は水である。水が、形になるか、円形になるかは器次第であり、水ではない。

すなわち人民は、皇帝次第だ。

このように言って、仏教や道教、老荘思想にのめり込んだ皇帝たちが、敵に攻め込まれ、滅ぼされた例を挙げ、「私が好むのは、ただ堯《ぎょう》、舜《しゅん》の政道、周公と孔子の教えだけだ。それは鳥に羽があり、魚に水があるのと同じで、無くなると死んでしまうので、片時も無くしてはならないものだ」と言った。太宗は国を治めるために、仏教や道徳ではなく孔子などの儒教を信奉したのである。


太宗の言うことは正しい。会社というのはトップ次第で変わる。何万人も社員がいる会社も、数十人しかいない会社も、それは同じである。

また会社の中の組織も同じことがいえる。

大組織である部、少人数のグループなどもリーダー次第で変わる。

リーダーシップがあるとか、そのリーダーに従えば、大きなメリットがあるからとかが理由ではない。

太宗も、暴力で人民を治め、恐怖政治を敷いた暴君にも、人民は従ったと言っている。

「ベンチがアホやから」と暴言を吐いて、野球選手を辞めたのは江本孟紀《えもとたけのり》さんだが、このような人は珍しい。

たいていはアホな上司でも、飲み屋で安酒を煽りながら、不満を漏らすだけで、ひたすら耐えるのが普通だ。

私も銀行員になった時、先輩から言われたのは、「悪い上司に当たっても我慢するんだよ。1年か2年で交代するから。そして二度と会うことはない」と言われた。

銀行員には転勤がつきものである。我慢していれば、悪い上司は去っていくというのだ。

なんとなく納得したものの、代わりにやってきた上司が、良い上司とは限らないので、「まずい職場だな」と思ったものだ。

だから委縮せずにできるだけ自由にやろうと考えて働いたら、面白い奴だと評価されるようになって、上司にも可愛がられた。

日経ビジネス（2023・1・30号）に「五輪を汚した『普通の人々』権威への服従が醜態を招く」という特集記事が掲載されている。この内容が興味深い。

東京五輪で組織委員会元理事やスポンサー企業のトップなどが贈収賄汚職で逮捕され

た。

良きレガシーを未来につなげるはずが、汚れたレガシーになってしまった残念な事件である。

その原因は、「ヒトに潜む服従本能」にあるというのだ。

記事では組織委員会の委員たちが30人以上もいたのに、議案に対して異論をはさまなかったという。彼らは各分野のトップであり、知見もあるのだが、それがまったく生かされなかった。

そのほか、不祥事を起こしたスルガ銀行の例などを挙げ、組織内で異論を口にしない文化が問題であると言う。

狼には服従本能があり、それによって群れを安定させているらしい。「同じことが人間集団についても言える」（スタンレー・ミルグラム著『服従の心理』）というアメリカの心理学者の考えを、記事で紹介している。

私たちは狼と同じで、群れを安定させるために服従してしまうのか。

会社に服従せず反旗を翻し、左遷され、裁判で勝利を勝ち取ったオリンパスの元社員浜《はま》田正晴《だまさはる》氏は、不服従だと「『会社を追われるのではないか』、『業界内で問題児とみられ、再就職できずに家族を路頭に迷わすのではないか』といった恐ろしさが伴う」と記事内で語っている。

服従は組織で生き残るためであり、不服従は組織から追い出され、死を意味したのかもしれない。そんな長い人類の歴史が、私たちに「服従の本能」を植え付けたのだろう。

異論を口にする文化を作らねば不祥事は収まらないと、政策研究大学院大学の黒川《くろかわ》清《きよし》名誉教授は言う。

『貞観政要』で太宗は、統治が過《あやま》たないように盛んに異論を口にするように奨励しているが、ここで言うように「人は猶ほ水のごとき」であり、「器」次第でどうにでも変わると知悉していたからだろう。

異論を口にする文化を作るのは難しい。

リーダーも最初は「異論反論大歓迎」と言うのだが、しばらくするとそれがうるさくなって、まず渋い顔になり、それは後で聞くから今は黙れ、という姿勢になる。こうなると、もう誰も何も言わなくなる。

第一勧銀で、総会屋事件が起きた。事件後、私は銀行内部を改革するためには、トップへの異論を口にできる文化を作らねばならないと思った。トップが悪に染まった時、誰もその暴走を止められなかったことが、総会屋や暴力団に銀行を蝕《むしば》まれる原因になったからだ。

そのため社外取締役を充実したり、警察トップに反社会的勢力との関係解消の進捗状況の報告を義務付けたり、その他、種々のトップの行動を監視したりする仕組みを作った。

しかし最初は良かったが、しばらくするとトップは自由がないと言い出し、それらの仕組みを形骸化させていった。そんなことをしたら、再度、大きな失敗を繰り返しますよと、私が口をすっぱくして言っても聞く耳を持たなかった。私は、その後、退職したが、経営統合後のみずほ銀行は何度もシステム障害を起こし、トップの交代が続くことになった。

異論を口に出す文化を作り損ねたのだろうと、私は勝手に推測しているのだが……。

自分の言葉で話せば、部下には必ず伝わる。

ふたたび「慎言語《しんげんご》第二十二」から……

「人君《じんくん》は、四海《しかい》の尊《そん》に居る。若《も》し虧失《きしつ》有《あ》らば、古人《こじん》以《もっ》て日月《じつげつ》の蝕《しょく》の如く、人皆之《ひとみなこれ》を見ると為《な》す」

太宗は側近に、皇帝である自分の言葉は重いとして、言葉の失敗があってはならないと言った。

諫議大夫の魏徴は「天子は天下で最も尊い地位にいますので、もし過ちがあった場合には、日食や月食のように人々がみなそれを見るものだと、古人は言いました」と、太宗が言葉を慎むのは当然であると言った。

皇帝の言葉次第で人々は動き、大きな問題を引き起こすことを太宗は知っていて、失言には気を付けていたのだ。

日本の政治家で失言が多いのは、森喜朗《もりよしろう》元首相である。

森氏は、遺憾ながら失言で有名である。ネットで検索してもたくさん出てくる。

天皇中心の神の国、(選挙に行かないで)寝てしまってくれればいい、子どもを作らない女性の面倒を税金で見なさいと言うのはおかしい……。

最近は、東京オリンピック・パラリンピックの評議委員会で、女性がたくさん入っている理事会は時間がかかると言い、女性蔑視、女性軽視と批判され、東京オリンピック・パラリンピックの組織委員会会長を辞任した。

太宗の時代は、当然ながらSNSなどない。皇帝が、失言してもすぐ周囲に拡散することはなかっただろう。そんな時代でも失言には注意していたのに、現在のように一瞬で世界中に拡散する社会で森氏の失言が収まらないのは、常人には理解しがたい。

言葉は独り歩きする。言葉は生きている。特に上司の言葉一つで、部下の生死が決まると言っていい。

新米銀行員の頃、支店長が私に「君は感受性が高いから銀行員に向いている」と言った。

それまで銀行員には向いていないのではないかと悩んでいたのが、その一言で悩みが払拭され、生き生きと働けるようになった。

支店長が、私のどのような点を評価して、そのように言ってくれたのかは不明だが、少なくとも「向いている」という言葉が私の自信となったのである。

たとえば、上司が部下に、冗談ぽく「お前、使えないなぁ」と言ったとしようか。

上司は、言ったことを忘れているだろう。しかし言われた方は、一生、覚えているはずだ。

その言葉に奮起して立派に成長するか、やる気をなくしてダメになるかはわからないが、きっかけは、「使えない」の一言だ。

いじめでも、いじめている方がよく覚えていないと言われる。しかしいじめられている方は、一生、心の傷となる。

部下を持ったら、軽々しい言葉は慎まねばならない。

言葉と言えば、こんな経験がある。専門的な言葉の話だ。

私は、支店での営業会議が本当に行員たちの役に立っているのか、常々、疑問だった。

営業会議とは、月一回、月初に、当該月の営業方針を行員たちに徹底するものだ。

支店長になって初めての営業会議で私は、行員たち（渉外、内部事務、庶務などの男女の行員たち全員）に課長や副支店長が説明する営業方針をノートに取るように命じた。

会議が終了し、行員たちのノートを点検した。誰も課長や副支店長の話を書き取れていない。要するにわかっていないのだ。

専門用語を使っての説明は、行員たちにまったく理解されていないことが判明した。

私は、課長と副支店長に「自分の言葉で説明しなさい。専門用語は使わないように」と言った。

課長や副支店長は、本部から指示された営業方針を、ただ垂れ流していただけだったのが、自分の言葉で話さなくてはならないので、必死になって考えた。

そして次の会議では、行員たちに伝わるように説明に工夫を加えた。お陰で、行員たちに営業方針が徹底されるようになった。

国会でも同じだが、官僚が作った答弁用紙を棒読み（たまに間違って読むことがある）する首相や大臣がいるが、国民にはまったく伝わらない。

会議でも同じで、トップが自分の言葉で話せば、部下には必ず伝わるものだ。

コンビニの神様と言われたセブン＆アイＨＤの創業者の一人である鈴木敏文さんは、毎月、数万人の社員を集めて「変化対応」を自分の言葉で言い続けた。

会社を動かすためには自分の言葉で伝えることが重要なのだ。

松下電器（現パナソニック）が苦境に陥っていた昭和39年のことだ。

松下幸之助《まつしたこうのすけ》は、販売店の社長、店主約２７０人を熱海のニュー富士屋ホテルに集め、涙ながらに、松下電器は慢心していたと非を認め、「私は今、昭和８、９年ごろ、初めて電球をつくって皆さんのところで買っていただきにあがったことを思い出しました。『この電球はまだ信用、品質が超一流とはいえないかもしれません。しかし、やがてかならず横綱になってみせますから、どうか売ってください』とお願いしたものです。皆さま方は『よし、そこまで考えているなら売ってあげよう』と電球を置いてくれたのです。そのことで、松下電器は大きくなった。本当に皆さまのお陰なんです。それを片時も忘れてはいけないのを忘れていました」と彼らに訴えた。

幸之助の涙の訴えに、彼らも涙を流し、一緒に頑張ろうという声が会場から上がったのだ。そして松下電器は苦境を脱したのだった。

歴史的な失言を紹介しよう。第一次世界大戦後の反動不景気に追い打ちをかけたのは大正12年（1923年）の関東大震災である。

日本経済はたちまち壊滅的影響を受けた。政府は支払い猶予や震災手形を日銀が再割引するなどの支援策を講じたが、多くの銀行で不良債権が増大し、経営難に陥っていた。世間でも銀行が危ないという噂が流れていた昭和2年（1927年）3月14日、衆議院予算総会で片岡直温《かたおかなおはる》蔵相は、野党の質問攻勢に対して「今日の正午頃、とうとう東京渡辺銀行が破綻しました」と言ってしまった。

この発言が契機となり、銀行への取り付け騒ぎが起き、多くの銀行が破綻する昭和金融恐慌になるのである。

失言恐慌と言っていいかもしれない。

リーダーの言葉一つで世の中が変わるのだ。心しようではないか。

第6章
リーダーたる器量

コンプライアンスだけでは治められない。「仁義」の心があるかどうか、だ。

「仁義《じんぎ》第十三」では、仁義とは人の徳で最上位のものとされる。ここでは法治で民衆を治めるより仁義で治める方がいいと言う。はたしてどうなのだろうか。

「仁義を以《もっ》て治《ち》を為《な》す者は、国祚延長《こくそえんちょう》なり。法《ほう》に任《にん》じて人を御《ぎょ》する者は、弊《へい》を一《いち》時《じ》に救ふと雖《いえど》も、敗亡《はいぼう》も亦促《またせま》る」

太宗は、側近に、昔から仁義で国を治めたら長続きするが、法律で統制したら、一時的には世の中の疲弊を救うことができても、やがては滅びているので、自分は仁義で国を治めたいと言った。

側近は、その通りであり、そのためには人材を登用するのが肝要であると言う。

中国では、仁義で国を治めるのが最上とされ、統治モデルにもなっていた。

太宗は、仁義で治められた国は「深い林には鳥が棲《す》み、大きな川には魚が泳ぐ。同じように、仁義ある世では人々は自然と平穏に暮らすものである」とも言い、片時も仁義を忘れないようにしなければならないと自らに言い聞かせてもいる。

今の中国の習近平《しゅうきんぺい》体制は、国内の隅々にまで監視体制を徹底し、ウイグル族らを虐待していると問題視されている。

香港の民主化を徹底的に弾圧し抑え込んだり、台湾進攻を匂わせ、台湾に圧力をかけたり、とても「仁義」の国とは思えない。

中国春秋時代からというから唐の太宗より千年以上前に老子（紀元前570年ごろ生誕）という聖人がいた。

老子は仁義について次のように言う。（『老子——無知無欲のすすめ』金谷治著・講談社学術文庫）

「大道廃れて、仁義有り」と。即ち、すぐれた真実の道が衰えたから仁義を徳として強調するようになったのだ、と。

また「上徳は徳とせず、是を以て徳あり。下徳は徳を失わざらんとす、是を以て徳なし」と。

すなわち徳に優れた人は、ひたすら道にしたがうばかりで自分の徳を意識しない。しかし徳が十分でない人は、徳を失わないようにと努めるので、かえって徳が身につかない」と。

皮肉な論を展開する老子らしい。

要するに徳即ち、本当に人として正しい道がなくなったからやたらと仁義、仁義と言い、そんなことを口にしている人ほど道に迷ってしまうと言うのだ。

一説には、同時代の孔子さえ、老子に論破されたというから、もし老子が太宗に会えば「仁義が大事だと言えば言うほど、お前は道を失っているぞ」と叱られるのではないだろうか。

この言葉は、現在でも通じる。現在は、明らかに法治の時代である。

国はもとより会社も、法令順守というコンプアライアンスを金科玉条のように掲げている。

どの会社も、いわばコンプライアンス・ファースト経営である。

息苦しいなどとは言っていられない。もしコンプライアンス違反が見つかれば、たちまちSNSで拡散され、不買運動などにつながりかねない。そんなことになると業績が悪化してしまう。

産地偽装や製品のデーター改ざんなどが発覚し、世間の批判にさらされるケースが頻繁する。

記憶に新しいところでは東京オリンピックに関わる賄賂や談合、電力会社の談合などがあった。

これだけコンプライアンス重視が声高《こわだか》に叫ばれているのに、なぜ違反する会社が現れるのか。

それは老子の言う本来の大道が廃れているからだ。京セラの創業者・稲盛和夫さんに言わせれば「人として正しい道」と言うことになるだろうか。自らにそれを問いかけもしない経営者や会社幹部が多いから、口先だけでコンプライアンスと言うのだろう。

太宗は、「ほんのわずかの間でも忘れて怠ければ、仁義の道は遠のいてしまう」と言い、それは肉体を支える栄養と同じで「飲食の身を資《たす》くるが如し」と言っている。

太宗は、わかっていたのだろう。本来の道が廃れたから、仁義を繰り返し言わなければならないということ、を。

会社も同じである。法治、すなわちコンプラアイアスだけでは治められないのだ。リーダーたる者は、トップもグループリーダーも仁義を血肉にしなければならないのだ。

会社人生は理不尽の連続。けれども自分の信念だけは曲げない。

「忠義《ちゅうぎ》第十四」では、忠義の士を採り上げている。さてどんな人が忠義の人なのだろうか。

「疾風勁草《しっぷうけいそう》、實《じつ》に歳寒《さいかん》の心を表す」

太宗が、蒲州《ほしゅう》に行幸した際、この地で隋の煬帝の武将、堯君素《ぎょうくんそ》が、最後まで主君を裏切らず、戦ったことを称えた。

煬帝は悪君だったが、その君主に最後まで忠義を尽くしたことを褒め、厳しい逆境にあってこそ、忠義は試されると太宗は言った。

「疾風勁草」は「疾風に勁草を知る」という言葉で知られている。「三省堂新明解四字熟語辞典」によると「苦境や厳しい試練にあるとき、初めて意志や節操が堅固な人であることが分かるたとえ。強い風の中に折れずにいる強い草の意、また、強い風が吹いて、初めて強い草であることが分かる意から。「疾風」は激しく速く吹く風。はやて。「勁草」は強い草。節操の堅い人のたとえ。「疾風勁草を知る」の略。出典『後漢《ごかん》書《じょ》』王覇伝」とある。

忠義を守るというのは、冷たく強い風が吹く岩頭で風に抗《こう》しながら、立っているイメージなのだ。

しかし、私が仕えた銀行の上司は、彼は、専務まで昇進したのだが、こんなことを言った。

「仕事で干されたり、左遷されることは人生ではあるものだ。腹も立つし、悔しい。しかしそんなときはジタバタせず運命を甘受するんだ。そして特に何もせず、本でも読んでいることだ。そうすればまた風が吹いてきて、上昇できる時がある」と。

私は、この話を聞いた時、昆布みたいだと思った。

海底の岩場に根を張り、波に任せて揺られながらもじっとその場に立っている。外向きにはゆらゆらしているようでも、根っこのところでは節を曲げず、しっかりと岩を捕まえている。

ああ、こんな生き方もあるのだと感心したものだ。

会社人生は理不尽の連続だろう。意図せず陥《おとしい》れられたり、不祥事に連座したり、左遷されたりと、運命のなすがままに揺れ動く。しかし自分の信念は曲げない。これも疾風に勁草を知る生き方と同じである。

中間管理職で、会社の中で運命の分かれ道に立っているような人は、彼のような昆布的生き方の方がふさわしいかもしれない。疾風勁草的だと、あまりにも厳しすぎて、他者から敬遠されかねない。

疾風勁草的人物として、西日本中心にスーパー「ゆめタウン」を展開するイズミの山西《やまにし》義政《よしまさ》さんの話をしよう。

山西さんとは、セブン＆アイの創業者伊藤雅俊さんの小説を書くために取材でお会いした。残念ながら令和2年に享年97で亡くなられた。

山西さんは、海軍に入隊した。私の父と同じ大竹海兵団で訓練を受け、空母「飛鷹」に乗る。その後、山西さんは飛鷹を降り、海軍工機学校に入学するのだが、飛鷹は、米軍に攻撃され、マリアナ沖で沈没した。山西さんは命拾い。

学校を卒業し、伊号第四百潜水艦の乗組員になる。潜水艦乗りは、命がないと決まっていたと、山西さんは話してくれた。

敗戦。生き残って潜水艦と共に横須賀に帰港した。米軍から、潜水艦を沈めるように命じられる。しかし、山西さんは、潜水艦と運命を共にしようと思う。戦わずして潜水艦を沈めるなどということは忍び難いことだったからだ。何人かの同僚も自決の覚悟をした。

「その時の艦長が立派な人でね」と山西さんは言った。艦長は「ここで死んだら犬死だ。生きて、日本の再興のために尽くせ」と山西さんたちを諄々《じゅんじゅん》と諭したのだ。

それで生きることに方針を変更したが、郷里の広島は原爆で完膚《かんぷ》なきまでに破壊され、母は亡くなっていた。

生き残った以上は、この国を再興してやろうと誓った山西さんは、闇市で干し柿を得るところから始める。驚異のバイタリティとアイデアを駆使して、スーパーマーケット「ゆめタウン」で有名なイズミを育て上げるのだ。

山西さんは何度か命拾いをしているのだが、そのつど、しっかりと先を見つめて、前進をしている。そして大成功を収めた。

どんな苦労があっても、それを受け止め、自分の足で前進することを体現した人である。

山西さんのような人が、日本中にたくさんいたから、日本が戦後復興したのだ。

疾風勁草的生き方は、日本人庶民の生き方に他ならない。私たちも、戦後復興を成し遂げた先輩たちに続けと、変化の激しい世の中で疾風勁草的生き方をする覚悟を固めよう。

それは銀行の元役員のような昆布的な疾風勁草的生き方でも、山西さんのような激しい風を全身に受ける生き方でも、どちらでもいいだろう。根っこさえ、しっかりと固めていればいいのだ。

「禍福は門なし」。禍《わざわい》は人知れず忍び寄ってくる。

ふたたび「貪鄙《たんぴ》第二十六」から……

「古人《こじん》云ふ、禍福《かふく》は門《もん》無し、惟《た》だ人の召《まね》く所のみ」

太宗は、側近に、「鳥は高い枝に巣を作り、魚は横穴に巣を作るのに人に捕まるのは、餌《えさ》を取りに出るからである。これに倣《なら》えば、臣下たちは十分な報酬を受けているのだから欲張りさえしなければ末永く暮らせるはずだ。幸福も災難も門から入ってくるのではなく、自分が招くのだ。だから欲張らずに忠義に励むように」と言った。

この言葉は、覚えやすいからいい。「禍福は門無し」とは言い得て妙である。

中国では、習近平が腐敗撲滅運動を行った。一部には、政敵を倒すためだと言われたが、逮捕された中国の高官たちの賄賂、横領はけた違いだった。数百億円、数千億円の金額に開いた口がふさがらなかった。中には、自宅の地下に金塊を隠していた者もいたという。

中国に取材で訪れた時、「ハエもトラも叩く」という習近平の腐敗撲滅に対する姿勢に賛成する若者が多くいた。

彼らは、皆、貧しい田舎の出身で、格差の下層にいたからだ。習近平自身が、どれほど身奇麗かはわからないが、腐敗撲滅は庶民の支持を得ているのだ。

しかしそれにしても高額の報酬を得ながら、なぜ賄賂を受け取ったり、横領したりするのだろうか。

お金というのは、あればあるほど減らしたくなくなり、より増やしたくなるものなのだろうか。

私も今から考えれば、恐ろしい経験をしたことがある。誘惑に負けそうになったのだ。ちょっと恥をさらすことになるが、ご容赦願いたい。

私が27歳の時だから、今から42年も前のことだ。私は、その年に結婚した。

結婚すると、お客様から現金などのお祝いをいただいた。いただいたお祝い金は、すべて支店長に、いったん渡すことになっていた。そして支店長の許可を得て、結婚の費用の足しにしても良いことになっていた。

それなりのお祝い金をいただいた記憶があるが、ある取引先から「小畠さん（江上剛の本名）、結婚されたのですね。お祝いしたいのです」と連絡があった。

それは結婚して、1カ月以上経過していて、もうお祝いという時期を逸《いっ》していた。

「お心遣いは嬉しいですが、遠慮します」

当然ながら私は答えた。

しかし相手は引き下がらない。阪急デパート（当時、大阪の梅田支店に勤務していた）の家具売り場に来てくれと言われた。

私は、その場所に行った。

すると、取引先の財務部長は、大きなテーブルを私に見せ、これをプレゼントしたいと言った。数十万円もするかという高級品だった。

私は、それを見た瞬間に、嬉しさで舞い上がった。欲しいと思った。しかしあまり立派すぎるので、妻に了解を得なくてはならないと思い、その場から妻に電話をかけた。

「あなた、何を考えているの。そんな立派なものをいただいてどこに置くのよ。それに家には、あなたのお母さんからいただいたテーブルがあります。お断りしなさい」

妻は断固として拒否した。

私は、仕方なく彼に「妻がいらないと言っていますので」と答えた。

すると、彼は、次々と高級な家具を見せた。サイドボードや机などだ。バカな私は、そのつど、妻に電話して、妻から「断りなさい」と叱られ、断り続けた。

ついに彼も諦めた。

その会社は倒産した。幸い、財務部長が私と親しかったため、融資は全額返済してくださったのだが、もしあの時、誘惑に負けて、高級家具を受け取っていたら、私は返済交渉ができなかっただろう。

高価な贈り物をもらったとしても結婚してから時間が経っていたため、支店長に報告するタイミングを失《しっ》していたので、報告できなかったかもしれない。もしも報告もせず高価な商品を受け取っていたら融資返済交渉の場で、支店長を前にして財務部長や社長から「あなたには高級なテーブルをプレゼントしましたね」と名指しされたに違いない。その瞬間に、支店長に秘密にしていた私は懲戒免職になったことだろう。ジ・エンドである。

今でも妻に頭が上がらないのは、あの時の妻の冷静な判断のお陰で銀行員として失脚しなかったからだ。まさに禍福は門無しで、自分で禍を招き入れる寸前だったのだ。妻のお陰で、禍を招き入れないで済んだのである。

賄賂の誘惑は、いつ何時《なんどき》あるかもしれない。気がつかない間に相手に取り込まれていることもある。

もしあなたの部下が、高級腕時計をしていたり、やたらとゴルフが上手くなっていたりしたら、警戒した方がいいかもしれない。

会社の「礼儀」と世間の「礼儀」を一致させよう。

「礼楽《れいがく》第二十九」に書かれているのは、儀礼と音楽。中国の礼とは、マナーやエチケットだけでなく社会規範のことでもある。そのため礼を実践するために法もある、とのことである。

「禮《れい》は、嫌疑を決し、猶豫《ゆうよ》を定め、同異《どうい》を別《わか》ち、是非《ぜひ》を明らかにする所以《ゆえん》の者なり」

太宗は、服喪の規定を検討しなおすようにと側近に指示した。

側近は、太宗の意向を受けて、真心から服喪するように規定を変更したのだが、その際にこの言葉を冒頭に使ったのだ。

「礼とは、迷うものに答えを出し、不明瞭なものをはっきりさせ、同じものと異なるものを区別し、正誤を明らかにするものである」と言ったのだ。まさに礼とは社会的規範にほかならない。

会社には、どこでもコンプライアンス、すなわち法令順守規定がある。

たとえば、取引先から金品を受領してはならない、性によって昇格、昇進などを差別してはならないなどである。

コンプライアンス、法令順守などという、こなれない言い方よりも「礼儀」とした方がわかりやすいかもしれない。

「礼儀」なら子どもの頃から厳しくしつけられている人が多いだろう。

挨拶ははっきり言うこと、ありがとうございますと感謝をすること、ご飯を残さないこと、嘘をつかないこと、約束を守ること、人の嫌がることをしないこと云々。

私たちが、社会生活を円滑に送るための知恵が「礼儀」である。会社でも同じことだ。

ではなぜ会社では「礼儀」が守れないのだろう。それは会社の「礼儀」と世間の「礼儀」の間にズレがあるからではないだろうか。会社の「礼儀」は世間の「非礼」なのである。

たとえば、銀行であれば「融資します」と約束をしておきながら支店長や審査部の方針が変われば「融資できません。今までの分を返済してください」と平気で言う。取引先に嘘をついたのであり、約束を破ったのだ。

ある大手自動車メーカーの三次下請けの中小企業は、自動車メーカーから大口の注文を受け、勇んで設備投資した。しかしその直後に、日本をリーマンショックが襲い、すべての注文が取り消されてしまった。約束を破ったのである。中小企業はあえなく倒産した。

多くの会社はコンプライアンスの徹底を強調する。口を開くと、コンプライアンスだ。しかし不祥事が頻発する。なぜか？　それは会社としての「礼儀」がなっていないからだろう。すなわち行儀が悪いのだ。

「礼」は人として正しい道を歩くことだ。

京セラの創業者である稲盛和夫さんは、経営判断をする際、「人として正しいか」を絶えず自らに問いかけていた。「礼」をわきまえた判断をしようとしていたのだろう。

会社の場合、トップが「礼儀」を知らなければ部下まで「礼儀」知らずになる可能性が高い。

トップに忖度するから、トップが右向けと言えば、右を向くのが会社組織である。鯛は頭から腐るというが、本当に腐ってしまえば会社はダメになってしまう。そのような時、頑張るのは、課長など中間管理職の人である。中間管理職まで「礼儀」知らずになったら会社は滅亡する。

必ず会社の「礼儀」が世間の「礼儀」と一致しているかを考えるのが、現場に最も近い中間管理職の役目ではないだろうか。

正しい判断の基準があるはずだ。

「刑法《けいほう》第三十二」は司法、裁判に関わる問題を集めている。太宗は、公平な裁判に拘《こだわ》ったようだ。

「天より之を祐《たす》く」

太宗の部下に優秀な法務副大臣がいたのだが、彼が業務を逸脱した行為をした際、太宗は怒りに任せて、法律以上の厳罰を与え、彼を死刑にしてしまった。
太宗は、そのことを後悔し、即刻死刑にするような案件でも五回は取り調べるようにするなど、公平な裁判に取り組んだ。
死刑になった法務副大臣が、太宗に取り立てられる契機となった上奏文が立派な内容だった。その中に、皇帝には慈愛の心が必要であるとし、「正しい人には自ずと天が救いの手を差し伸べるものである」との一節を書いたのである。

死刑に処した臣下の上奏文を残すということから見て、太宗は、彼を法令を逸脱してまで死刑にしてしまったことを、余程後悔していたのだろう。

いずれにしても彼に、救いの手が差し伸べられなかったのは残念である。


さてこの言葉と似た言葉に「天は自ら助くる者を助く」というのがある。

明治時代にスマイルズの『自助論』を中村正直《なかむらまさなお》が翻訳し、『西国立志編』の中に引用されているもので「天は他人の助けを借りずに自分自身で努力する者に力を貸してくれる」という意味だ。

要するに努力、勤勉で自立することを奨励する言葉である。

福澤桃介《ふくざわももすけ》という福澤諭吉の娘婿がいる。彼は希代の相場師として名を上げた後、関西電力や中部電力の祖となり、電力王と呼ばれている。（参考『野心と軽蔑　電力王・福澤桃介』江上剛著、ＰＨＰ研究所刊）

桃介は、「憎まれて世を渡れ」と言う。好かれてしまえば、評価してくれる人以上になれないからである。

大成功しようと思えば、人の助力を拒否するくらい憎まれるべきだと言うのだ。

憎まれれば、何事も自分一人でやらねばならない。それこそが福澤諭吉の言う独立自尊であるとして「天は人の助けざる者を助く」という格言を作った。

天は人が助けないような人間を助けるというのだ。「憎まれて世を渡れ」という福澤桃介の面目躍如である。

最近は、何事につけても政府に助けを求めることが多い。コロナ禍で生活が成り立たなくなったり、会社の経営が苦境に陥ったり、自助努力ではどうしようもない事態になっているからだ。

他人の力を借りずに生きていくのには辛い時代となったのである。

さて独立自尊で、自分で努力するにしろ、他人の助けを得るにしろ、あるいはこの言葉のように正しい生き方をする人を助けてくれるのは「天」なのである。

「天」とはいったいなんなのだろうか。

空を覆うもの、神様など人を超えた存在を言うのだろう。

正しい人を天は助けてくれるということは、人を超えた存在が、自分の行いを見ているということだ。

一例を挙げれば、第1章でも触れたがゴルフは自らの責任でスコアを正しく申告をするゲームである。ごまかそうと思えば、ごまかせないことはない。しかし、後で、誤申告が発覚すると、競技であれば失格になり、意図的にごまかしたとなれば、プレーヤーとしてかなりの罰を受けることになる。紳士のスポーツと言われる所以《ゆえん》である。

いずれにしても私たちは、絶えず誰かから見られているため、嘘がまかり通ることはないと自覚するべきなのだ。

この程度のごまかしならいいだろうという態度が、大きな間違いを引き起こすことになる。

あるいは、予算が未達となったため、機械設備の必要なメンテナンスをやらなかったとしよう。すると、そのケチったことが必ず大事故につながることになる。

日本各地でインフラ設備の老朽化が進み、大きな事故になりかねない状況にある。もし老朽化に伴う問題を発見した際、誰も気づかないのであれば補修を先延ばししてもいいだろうと考えたとしたら……。大事故が起きてから、後悔してもどうしようもない。

ことほどさように仕事というのは、正しく判断しようとしても、その時々の情勢に影響されて、後から考えると、どうしてあんな判断をしてしまったのだろうかというのがあるものだ。

正しい判断とは難しい。しかし判断の基盤はあるはずだ。たとえば、現場に近いグループリーダーなら、消費者、利用者など、客の立場に立った判断をすべきだろう。

妙に経営の立場に立ちすぎると、判断を間違うことが多い。

「天より之を祐《たす》く」

の言葉を思い浮かべて、今、自分は消費者、利用者の立場に立って正しい判断をし、実践しているか、自問しよう。

挑戦を続け、目標を実現することが、何よりも重要だ。

「慎終《しんしゅう》第四十」では、最後まで正しい姿勢を保ち、身を慎むことを言っている。『貞観政要』に一貫する思想である。

「語に曰《いわ》く、之を知ることの難《かた》きに非《あら》ず、之を行ふこと難し。これを行ふことの難きに非ず、これを終《を》ふること難し」

諫言大夫魏徴は、最近、太宗が贅沢で気ままになってきたことを憂いて上奏した。その中で、このままだと太宗が有終の美を飾れない十か条の理由を挙げた。

魏徴が言いたかったこの言葉の通り、古語にある「知ることは難しくないが、それを行うのは難しい。行うことは難しくないが、それを最後まで続けることは難しい」ということだ。

守文（守成）は難し、である。

ちなみに十か条は、

第一は、贅沢をし始めた事

第二は、民衆を軽視し始めた事

第三は、諫言に耳を貸さなくなってきた事

第四は、阿《おもね》る人間（小人）を近づけ、君子を遠ざけている事

第五は、農業を軽視している事

第六は、讒言を軽々しく信じ、臣下を大事にしない事

第七は、自分自身の危機管理を怠っている事

第八は、臣下に横柄な態度をとるようになった事

第九は、驕り高ぶり政治に専念しなくなった事

第十は、災害などに対する危機管理ができていない事

である。

内容はもっと細かく具体的だが、私が勝手に一行に直したので、本文で読んでもらいたいが、それにしてもこれだけ皇帝にダメ出しすれば、打ち首獄門だが、太宗は偉い。魏徴の、この上奏文で屏風を作り、朝に夕に眺めて自重自戒したという。

こんなトップに仕えるのは、部下として本望だろう。

トップとして君臨する期間が長くなれば、この十か条の通りになってしまう。

そして有終の美が飾れない。

ところで「言うは易し、行うは難し」という言葉がある。これも口で言うのは簡単だが、行うのは難しいということだ。

経営評論家が会社を設立して、倒産させることがあるが、こういった場面でも、この言葉が使われる。

「語に曰く、之を知ることの難きに非ず、之を行ふこと難し。これを行ふことの難きに非ず、これを終《を》ふること難し」

これは、「言うは易し、行うは難し」に「継続するのはもっと難しい」を加えたようなものだ。

私の知人の経営者は次のように言った。

「言うは易し、行うは難しではない。トップが最も難しいのは『言う』ことである。『言う』というのは経営計画、ビジョンなど、会社をどのように成長させるかである。この『言う』を考えるのがトップの仕事である。この『言う』ができれば、後は『行う』だけである。社員たちと一緒になって力を合わせて『行う』のだ。したがって経営的には『言うは難く、行うは易し』である。日本の経営者は、この重要な『言う』を部下に考えさせ、その上に神輿《みこし》として載っているだけだからダメなのだ」

彼が言うのも納得できる。会社の方針を責任を持って考えているトップがどれだけいるだろうか。社員任せでは成長は見込めない。

そんな彼に、この言葉をどう思うかと聞くと、次のように言った。

「間違いなく言えることとは「**終《を》ふること難し**」であることだ。計画を立て、社員と力を合わせ、実行する。しかしそれを続けるのは本当に難しい。上手くいくと慢心するし、上手くいかないと自信がなくなる。絶えず計画を見直し、消費者のニーズから離れていないかを検証しながら進むことを、倦むことなくできるかが名経営者かそうでないかの分岐点だ」

セブン&アイHDの創業者の一人である鈴木敏文さんは、コンビニの神様だが、会社の規模がどんなに大きくなっても幹部社員を横浜アリーナのような大会場に集めて「変化対応」を口を酸っぱくして言い続けた。

大企業病に陥ることなく、初心に返り、消費者のニーズに応え続けることが最も重要だと知っていたからだ。

どんなことも

「初め有らざるなし、克《よ》く終わり有る鮮《すくな》し」である。

最後まで続けることがいかに難しいか。

トップでなくてもグループリーダーでも同じである。

目標を決めたら、それを攻略する計画を立て、部下と共に、失敗しても一度であきらめず、検証を繰り返し、何度でも挑戦することが、挑戦を続けることが、そして目標を実現、達成することが最も重要である。そうすれば

「終《を》ふること難し」ではなく、

「終《を》ふること易《やす》し」

になるだろう。

参考文献

『貞観政要（上・下巻）』原田種成著　明治書院・新釈漢文大系
『貞観政要　全訳注』呉兢編　石見清裕訳注　講談社学術文庫
『ビギナーズ・クラシックス　中国の古典　貞観政要』湯浅邦広著　角川ソフィア文庫

［著者略歴］

江上 剛（えがみ・ごう）

1954年、兵庫県生まれ。早稲田大学政治経済学部卒業。77年、第一勧業銀行（現・みずほ銀行）入行。人事、広報等を経て、築地支店長時代の2002年に『非情銀行』（新潮社）で作家デビュー。03年、49歳で同行を退職し、執筆生活に入る。その後、日本振興銀行の社長就任、破綻処理など波瀾万丈な50代を過ごす。現在は作家、コメンテーターとしても活躍。著書に『失格社員』（新潮文庫）、『ラストチャンス　再生請負人』（講談社文庫）、『野心と軽蔑 電力王・福澤桃介』『50代の壁』『定年後の壁』（以上、ＰＨＰ研究所）、『庶務行員 多加賀主水』（祥伝社文庫）、『特命金融捜査官』（新潮文庫）シリーズなどがある。

使える！貞観政要

2023年６月１日　第１刷発行

著　者　　江上 剛
発行者　　唐津 隆
発行所　　株式会社ビジネス社
〒162-0805　東京都新宿区矢来町114番地 神楽坂高橋ビル5階
電話　03(5227)1602　FAX　03(5227)1603
https://www.business-sha.co.jp

〈装幀〉神長文夫＋坂入由美子（ウエル・プランニング）
〈本文組版〉有限会社メディアネット
〈印刷・製本〉大日本印刷株式会社
〈編集協力〉水無瀬 尚
〈営業担当〉山口健志
〈編集担当〉中澤直樹

ISBN978-4-8284-2523-8

ビジネス社の本

世界史を狂わせた女たち

第二次大戦のスパイと、共産主義と寝たレディの物語

渡辺惣樹……著

定価　1760円(税込)
ISBN978-4-8284-2455-2

共産主義者をサポートしたルーズベルト大統領の妻。アメリカの要人を手玉に取ったチャーチル首相の娘——第二次世界大戦時の謀略に加担した女たちの真実を掘り起こす。

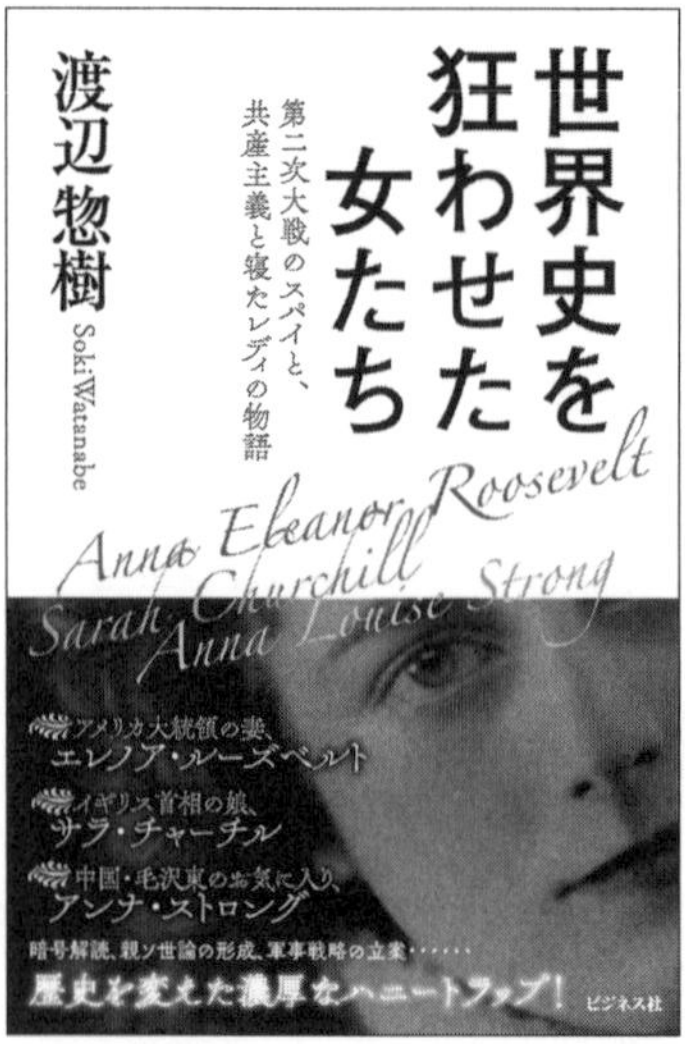

本書の内容

■一章　ベティ・パック：007が頼りにしたスパイ
■二章　エリザベス・ベントリー：赤いスパイクイーン
■三章　エレノア・ルーズベルト：赤いファーストレディ
(第五列の女王)
■四章　チャーチルの米国参戦工作の裏方となった二人の娘
：サラ・チャーチルとパメラ・チャーチルのハニートラップ
■五章　中国共産党に尽くした二人の女
：アグネス・スメドレーとアンナ・ストロング
■六章　カナダを赤く染めた女：マーガレット・トルドー
■七章　エリザベス(エリザ)・フリードマン：暗号解読の女王